Arnold Dietrich Schaefer

Geschichtstabellen zum Auswendiglernen

Arnold Dietrich Schaefer

Geschichtstabellen zum Auswendiglernen

ISBN/EAN: 9783743646537

Hergestellt in Europa, USA, Kanada, Australien, Japan

Cover: Foto ©Paul-Georg Meister /pixelio.de

Weitere Bücher finden Sie auf **www.hansebooks.com**

GESCHICHTSTABELLEN

ZUM

AUSWENDIGLERNEN

VON

ARNOLD SCHAEFER D. PH.

O. Ö. PROFESSOR AN DER RHEINISCHEN FRIEDRICH-WILHELMS-UNIVERSITÄT

ZEHNTE AUFLAGE

MIT GESCHLECHTSTAFELN

LEIPZIG
ARNOLDISCHE BUCHHANDLUNG
1866

**Der ist kein mensch noch gar ein gelehrter mann,
wer die geschichtsdaten nicht auswendig kann;
doch wer von der vorzeit kann kunde geben,
fügt neues leben zum eigenen leben.**

Nach einem arabischen dichter von W. Ahlwardt.

VORREDE.

Die vorliegenden Tabellen übergab ich im Jahre 1847 dem Druck in der Form, wie ich sie seit längerer Zeit an dem Blochmannschen Erziehungshause zu Dresden dem Geschichtsunterrichte zu Grunde gelegt hatte. Bei den folgenden Auflagen habe ich nicht versäumt jeden Abschnitt und jede Zeile wiederholt zu prüfen und gewissenhaft nachzubessern. Hierin hat mich der Rath von Freunden vielfach unterstützt. Nur mit Widerstreben habe ich ihnen und mir selbst nachgegeben, wo es sich um Zusätze handelte: ich mufste fürchten, wenn ich die einmal gezogenen Schranken überschritte, den Zweck des Büchleins aufser Augen zu verlieren. Denn es kam mir darauf an, in gedrängter Kürze, mit besonderer Hervorhebung des für Deutschland bedeutenden, den chronologischen Umrifs der Geschichte als Leitfaden für die Wiederholung hinzustellen. Darum durften die Zusätze in der Regel den Stoff nicht vermehren; meistens sind sie der Art, dafs sie das Verständniss oder den Überblick erleichtern, und ich bin auf der andern Seite fortwährend darauf bedacht gewesen, was minder wichtig oder fremdartig erschien, auszuscheiden.

Dafs die wichtigsten Data für die erste Unterrichtstufe nicht blofs durch den Druck hervorgehoben, sondern in einer besonderen Tabelle als erster Cursus zusammengefasst sind, dient meiner Überzeugung nach dem Anfänger zu wesentlicher Erleichterung und gibt den Einschlag ab für die ausgeführteren Tabellen des zweiten Cursus, wo dieselben Data in gleicher Fassung wiederholt sind. Die Übersicht der Culturgeschichte, welche ich als dritten Cursus bezeichnet habe, greift in manchen Stücken über den Bereich der Schule hinaus, aber ich hoffe, dafs sie bei gebotener Gelegenheit mit Nutzen werde zu Rathe gezogen werden können. Wollte ich auch auf diesem Gebiete nur den Mafsstab der Schule anlegen, so mufste ich geradezu auf den Gedanken verzichten den Gang des geistig-sittlichen Lebens der Menschheit in seinen Hauptmomenten darzulegen. Die Regenten- und Geschlechtstafeln im Anhange sollen die Übersicht erleichtern. Vollständige Geschlechtsregister würden dem Zwecke nicht entsprechen, indessen ist kein für die Geschichte erheblicher Name übergangen worden.

In der Zeitrechnung und den thatsächlichen Angaben habe ich überall die sicheren Resultate der neuesten Forschungen zu Grunde zu legen gesucht; wo diese aber noch wesentlichen Bedenken Raum liefsen, zog ich es vor, die hergebrachten Zahlen beizubehalten. Jedoch habe ich nicht angestanden in der Geschichte des Morgenlandes an die Stelle gangbarer falscher Zahlen die richtigen zu setzen, welche die Untersuchungen von Lepsius, M. v. Niebuhr, Movers, A. v. Gutschmid u. a. ergeben haben. Mehreres dieser Art habe ich in den Jahrbüchern für Philologie und Pädagogik II. Abth. 1865 S. 109 ff. erläutert. Ungefähre und schematische Ansetzungen in den Anfängen sind durch kleinere Ziffern kenntlich gemacht. In Fällen wo es galt Thatsachen zu verzeichnen, die sich entweder nicht an bestimmte Jahre binden laſsen oder deren getrennte Aufführung dem lernenden eher störend als förderlich sein würde, habe ich die chronologische Genauigkeit dem Bedürfniss des Unterrichts untergeordnet und so viel wie möglich durch die Einrichtung des Drucks angedeutet, daſs nur eine entferntere Beziehung zu der vorstehenden Jahreszahl stattfinde.

So empfehle ich denn auch diese neue Ausgabe freundlicher Aufnahme und schlieſse mit den Worten der ersten Vorrede: Wie weit ich das rechte Maſs und den bezeichnenden Ausdruck gefunden habe, muſs ich dem Urteile erfahrener Lehrer der Geschichte anheimstellen: das aber kann ich aus eigener Erfahrung versichern, daſs diese Tabellen, wenn sie von unten auf nach Maſsgabe des Fortschrittes in dem Vortrage des Lehrers eingeübt werden, in dem Gedächtnisse der Schüler sich so festsetzen, daſs das wiederholte erlernen derselben nur geringe Zeit erfordert, und damit ist dann ein sicherer Leitfaden geboten. Ein solcher ist für den Unterricht in der Geschichte eben so nothwendig, als das genaue erlernen der grammatischen Regeln unter steter Wiederholung für den Unterricht in den alten Sprachen. Allein so wenig ein verständiger Lehrer darin das Wesen des Unterrichts in den alten Sprachen suchen wird, so wenig wird man mich in dem Verdachte halten, als wollte ich den Geschichtsunterricht zu einem todten Werke des Gedächtnisses machen. Der Kern desselben ist und bleibt lebendige Erzählung, die das jugendliche Gemüth erweckt und erhebt und zur Ausbildung einer edlen Gesinnung, zur Pflege treuer Vaterlandsliebe und wahrer Gottesfurcht wirksam ist.

Bonn den 3 August 1866.

A. S.

INHALT.

PERIODEN DER ALLGEMEINEN GESCHICHTE.

I. Das Alterthum, von der Entstehung der ältesten Reiche bis zum Fall des Heidenthums und zur Völkerwanderung 375 n. Chr.

1. Bis auf König Cyrus 558 und die Kriege der Perser mit den Griechen 500.
2. Bis auf König Alexander den großen 336.
3. Bis auf das Kaiserthum des Augustus 30 v. Ch.
4. Bis auf die Völkerwanderung 375 n. Ch.

II. Das Mittelalter, von der Völkerwanderung bis auf die Reformation der Kirche 375—1517.

1. Bis auf Kaiser Karls des großen Tod 814.
2. Bis auf Pabst Gregor 7 1073.
3. Bis auf König Rudolf von Habsburg 1273.
4. Bis auf die Reformation der Kirche 1517.

III. Die neuere Zeit, von der Reformation der Kirche bis auf die französische Revolution, 1517—1789.

1. Bis auf den westfälischen Frieden 1648 und die Selbstregierung Ludwigs 14 1661.
2. Bis auf den Tod Friedrichs des großen 1786 und die französische Revolution 1789.

IV. Die neueste Zeit, von der französischen Revolution bis auf die Gegenwart, 1789—1866.

1. Die Revolution, bis zum Sturze Napoleons 1 und zum Abschluß der europäischen Verträge 1815.
2. Die Restauration und die jüngere Revolution, bis auf die Gegenwart.

1. Seleucus Nikator — 281 רפא

2. Antiochus I Soter 280–262 רסג

3. Antiochus II Theos 263–247 רמז

4. Seleucus II Kallinicus 247–227 רכז
(Antiochus Hierax) –227

5. Seleucus III Keraunus 227–224 רכד

6. (Bruder) Antiochus III Magnus 224–187 קפז

7. Seleucus IV Philopator 187–176 קעו

8. Antiochus IV Epiphanes 176–164 קסד

9. Antiochus V Eupator 163–161 קסא

10 Demetrius I Soter 161–150 קנ
(Alexander Balas –146 קמו

11 Antiochus ~~Sidetes~~ VI –143 קמג [illegible]

12 Ant. Sidetes 131

12 Demetrius II Nikator –126 קכו

Alexander Zabina –122

13 Seleucus V –125 (123)

Antiochus Grypus –97

Ant. Kyzikenos 96.

Antiochus IX [illegible] 93

ERSTER CURSUS.

ALLGEMEINE GESCHICHTE.

I. Das Alterthum, bis zur Völkerwanderung, 375 *n. Ch.*

II. Das Mittelalter, bis auf die Reformation der Kirche, 375—1517.

III. Die neuere Zeit, bis auf die französische Revolution, 1517—1789.

IV. Die neueste Zeit, bis auf die Gegenwart, 1789—1866.

I. Das Alterthum, bis 375 n. Ch.

v. Ch.

Asien die Wiege des Menschengeschlechts.

Cultur der Ägypter im Tieflande des Nils und der Babylonier im Tieflande des Euphrat. — Die Indier ziehen an den Indus und Ganges. — Priesterherrschaft und Kastenwesen.

2000 Abraham Stammvater der Israeliten.

1500 Moses Gesetzgeber der Israeliten. — Schiffahrt und Handel der Phönicier von Sidon. — Die hellenische Heldenzeit.

1250 das Reich der Assyrier von Ninive.

1000 Könige in Israel. Saul David Salomo.

929 Theilung des israelitischen Reiches: Juda unter Rehabeam (das Haus Davids), Israel unter Jerobeam.

824 Karthago wird von Phöniciern aus Tyrus gegründet.

753 Aera der Erbauung Roms.

700 Salmanassar von Assyrien zerstört das Reich Israel. — Die Reiche Lydien und Medien.

606 Ninive wird von den Medern und Babyloniern zerstört.

586 Jerusalem wird durch König Nebukadnezar von Babylon zerstört. Babylonische Gefangenschaft der Juden.

558 König Cyrus gründet das persische Reich.

500 Kriege zwischen Persern und Griechen. König Darius.

490 Schlacht bei Marathon. Miltiades und die Athener.

480 der Perserkönig Xerxes zieht gegen Griechenland. Tod der 300 Spartaner unter Leonidas in den Thermopylen. Seeschlacht bei Salamis. Der Athener Themistokles.

479 Schlacht bei Plataeae. Pausanias von Sparta, Aristeides von Athen.

445 höchste Macht und Blüte Athens unter Perikles.

404 der Spartaner Lysander zerstört die athenische Seemacht.

399 Sokrates trinkt den Giftbecher.

371 Schlacht bei Leuktra. Epaminondas und Pelopidas begründen Thebens Macht.

362 Schlacht bei Mantineia. Epaminondas †.

338 Schlacht bei Chaeroneia. König Philipp von Macedonien. Demosthenes.

336 Alexander der grofse, König von Macedonien. Darius Codomannus, letzter König der Perser.

334 Schlacht am Fl. Granicus. 333 Schlacht bei Issus. 331 Schlacht bei Arbela.

323 † Alexander der grofse zu Babylon. — Theilung des macedonischen Reichs.

264 erster punischer Krieg zwischen den Römern und Karthagern. Duilius gewinnt für die Römer die erste Seeschlacht. Regulus. — Hamilkar.

218 zweiter punischer Krieg. Hannibals Zug über die Alpen. Fabius der Zauderer. Marcellus. — Scipio Africanus, Sieger in Spanien und in Afrika.

216 Schlacht bei Cannae. 202 Schlacht bei Zama.

183 † Hannibal und Scipio.

146 Karthago wird durch Scipio Africanus den jüngern zerstört (3. punischer Krieg). — Mummius zerstört Korinth.

101 Marius besiegt die Cimbern und Teutonen.

60 erstes Triumvirat. Pompejus, Crassus und Caesar.

48 Bürgerkrieg. Schlacht bei Pharsālus. Pompejus † in Ägypten. Gajus Julius Caesar herrscht über Rom.

44 Caesar wird ermordet durch Brutus und Cassius.

43 zweites Triumvirat. Caesar Octavianus, Antonius und Lepidus.

31 Seeschlacht bei Actium. Flucht der Königin Kleopatra von Ägypten und des Antonius.

30 Imperator Caesar Augustus.

Ptolem. Lagi L — 285 פרה

Ptolem. II Philadelphos — 247 רמ"ז

Ptolem. Euergetes III — 221 רכא

Ptolem. IV Philopator 204 ר"ד
Tryphon

Ptolem. V Epiphanes — 181 קפ"א

Ptolem. VI Philometor 145 קמ"ה

Ptolem. VII Physkon Euergetes — 116 קטז

Ptolem. VIII Lathuros — 81

Ptolem. IX Alexandros — 89

1 Jesus Christus geboren.
9 n. Chr. Arminius schlägt den Varus und die römischen Legionen im Teutoburger Walde [die Hermannsschlacht].
64 der grofse Brand Roms unter Nero. Christenmord.
70 Jerusalem wird durch Titus zerstört.
98 Trajanus, der beste Kaiser. Gröfste Ausdehnung des römischen Reichs.
200 deutsche Völkerbünde: Alemannen im südwestlichen Deutschland, Franken am Niederrhein, Sachsen an der Nordsee, Gothen an der Niederdonau und am Pontus.
325 Constantin der grofse, Schutzherr der christlichen Kirche. — Constantinopel, Hauptstadt des römischen Reichs.
375 Sturz des Heidenthums. Die Völkerwanderung.

II. Das Mittelalter 375—1517.

375 Anfang der Völkerwanderung. Die Hunnen.
395 Theodosius theilt das römische Reich unter seine Söhne Arcadius (im O.) und Honorius (im W.).
410 Alarich, König der Westgothen, erobert Rom.
451 die Hunnenschlacht bei Chalons an der Marne: König Attila wird von den Römern und Westgothen geschlagen.
455 Genserich, König der Vandalen in Afrika, plündert Rom.
476 Romulus Augustulus, letzter Kaiser des weströmischen Reichs. Der Heerkönig Odovakar wird Herr von Italien.
481 Chlodwig der Merowinger stiftet das fränkische Reich.
493 der Ostgothenkönig Theodorich der grofse beherrscht Italien.
496 Chlodwig schlägt die Alemannen und wird Christ.
534—555 Untergang des Vandalenreichs in Afrika und des Ostgothenreichs in Italien. Belisar und Narses Feldherrn des Kaisers Justinian.
568 Alboin König der Langobarden in Italien. —
622 Mohammeds Flucht von Mekka nach Medina (die Hedschra).
711 Spanien wird von den Arabern erobert. Tarik.
732 die Saracenenschlacht bei Tours. Karl Martell.

752 Pippin der kleine, König der Franken. Die Karolinger.

755 Bonifacius (Winfried), Apostel der Deutschen, wird von den Friesen erschlagen.

768—814 Karl der grofse, König der Franken.

772—804 Kriege mit den heidnischen Sachsen. Herzog Wittekind.

774 Desiderius, der letzte König der Langobarden. Karl König von Italien.

778 König Karl zieht über die Pyrenäen. — Die spanische Mark gegen die Araber.

800 Karl der grofse, römischer Kaiser.

814 † Kaiser Karl der grofse. Sein Sohn Ludwig der fromme.

843 Theilungsvertrag zu Verdun: Kaiser Lothar erhält Italien, Burgund und Mittelfranken; König Ludwig der deutsche Ostfranken (Deutschland), Karl der kahle Westfranken (Frankreich).

871—901 Alfred der grofse, König von England. Die Raubfahrten der Normannen.

933 K. Heinrich 1 der Sachse schlägt die Ungarn [bei Merseburg].

955 die Ungarnschlacht auf dem Lechfelde. Otto der grofse.

962 Otto der grofse, römischer Kaiser.

1066 der Normannenherzog Wilhelm der Eroberer wird König von England.

1073 Pabst Gregor 7 (Hildebrand).

1077 König Heinrichs 4 Bufsfahrt nach Canossa.

1096 der erste Kreuzzug unter Gottfried von Bouillon. Peter von Amiens. Pabst Urban 2.

1152—1190 Kaiser Friedrich 1 Barbarossa, der Staufer.
Herzog Heinrich der Löwe, der Welfe.
Mailand und die Lombarden. Pabst Alexander 3.

1190 grofser Kreuzzug: Kaiser Friedrich Barbarossa †. Die Könige Philipp August von Frankreich, Richard Löwenherz von England. — Sultan Saladin von Ägypten.

1215—1250 Kaiser Friedrich 2. Die Päbste Innocenz 3, Gregor 9 und Innocenz 4.

1268 Conradin, der letzte Staufer, wird zu Neapel enthauptet. Karl von Anjou.

1273 König Rudolf von Habsburg.

1308 König Albrecht 1 (Herzog von Österreich) wird von seinem Neffen Johann ermordet. — Schweizer Eidgenofsenschaft.

1386 Sieg der Schweizer bei Sempach.

1415 Kirchenversammlung zu Constanz. Johann Huss wird verbrannt. Die böhmischen Hussiten; ihr Feldherr Zizka.
1450 Johann Gutenberg erfindet die Buchdruckerkunst.
1453 Constantinopel wird von den osmanischen Türken erobert.
1492 Christoph Columbus entdeckt Amerika (die neue Welt).
1493 Kaiser Maximilian 1, 'der letzte Ritter'.
1498 Vasco da Gama entdeckt den Seeweg nach Ostindien.
1517 Lutherische Kirchenreformation.

III. Die neuere Zeit 1517—1789.

1517 Oct. 31. D. Martin Luthers Thesen gegen den Ablafshandel. Anfang der Reformation. Pabst Leo 10.
1519 Karl 5 von Spanien wird als Kaiser erwählt. König Franz 1 von Frankreich. Suleiman, Sultan der Osmanen.
Ulrich Zwingli, Reformator in Zürich.
1521 Luther vor dem Reichstage zu Worms. Kurfürst Friedrich der weise von Sachsen.
1530 Augsburgische Confession der Protestanten. Philipp Melanchthon. Kurfürst Johann der beständige von Sachsen.
1540 Ignatius Loyola stiftet den Jesuitenorden. — Jo. Calvin, Reformator zu Genf.
1546 † Luther. Schmalkaldischer Krieg. Moriz wird Kurfürst von Sachsen.
1555 Augsburger Religionsfriede.
1558 † Kaiser Karl 5 im Kloster. Sein Sohn Philipp 2 folgt ihm in Spanien und den Niederlanden, sein Bruder Ferdinand 1 als Kaiser. Königin Elisabeth von England.
1563 Schlufs des katholischen Concils zu Trient.
1572 die Pariser Bluthochzeit. — Aufstand der vereinigten Niederlande. Wilhelm von Oranien.
1588 die 'unbesiegliche' spanische Armada geht an den britischen Küsten zu Grunde.
1589 Heinrich 4 Bourbon, König von Frankreich.
1618 der dreifsigjährige Krieg. — Kaiser Ferdinand 2. Kurfürst Maximilian von Baiern.
1631 Gustav Adolf, König von Schweden, schlägt den Tilly bei Breitenfeld.

1632 Gustav Adolf fällt in der Schlacht bei Lützen. Wallenstein.

1634 Wallensteins Tod zu Eger.

1648 westfälischer Friede. Lutheraner und Reformierte erhalten freie Religionsübung. Franzosen und Schweden werden mit deutschen Reichslanden entschädigt.

1661—1715 Ludwig 14, regierender König von Frankreich.

1675 der grofse Kurfürst Friedrich Wilhelm von Brandenburg schlägt die Schweden bei Fehrbellin.

1683 Niederlage der Türken vor Wien. Karl von Lothringen. Johann Sobieski, König von Polen. — Prinz Eugen.

1700 der nordische Krieg gegen König Karl 12 von Schweden († 1718). Peter der grofse, russischer Kaiser. August der starke von Sachsen, König von Polen. — Spanischer Erbfolgekrieg (— 1713).

1740—1786 Friedrich der grofse, König von Preufsen.

1740—1780 die Kaiserin Maria Theresia von Österreich.

1756 der siebenjährige Krieg. — Englands Seeherrschaft. W. Pitt.

1772 erste Theilung Polens. Kaiserin Katharina von Russland.

1776 Vereinigte Staaten von Nordamerika. Washington. Franklin.

1789 die französische Revolution. König Ludwig 16.

IV. Die neueste Zeit 1789—1866.

1789 französische Nationalversammlung: die Revolution. Necker. Mirabeau. Lafayette.

1792 französische Republik. Die Jacobiner. — Revolutionskriege. Carnot.

1793 Ludwig 16 enthauptet. Schreckensherrschaft. Robespierre.

1795 Auflösung des polnischen Staats. Kosciuzko.

1796 Napoleon Bonapartes Siege in Italien.

1798 Napoleon in Ägypten. Nelson's Seesieg bei Abukir.

1804 Napoleon Kaiser der Franzosen.

1805 Napoleon siegt über die Österreicher bei Austerlitz.

1806 Napoleon Protector des Rheinbundes deutscher Fürsten. Auflösung des deutschen Reichs. Franz 1, Kaiser von Österreich. — Niederlage der Preufsen bei Jena.

Preufsens Wiedergeburt. Stein. Scharnhorst. König Friedrich Wilhelm 3.

1808 Krieg Napoleons mit den Spaniern. — Wellington.

1809 österreichischer Krieg. Erzherzog Karl schlägt Napoleon bei Aspern. Napoleon siegt bei Wagram.

1812 russischer Feldzug. Brand von Moskau. Kaiser Alexander 1.

1813 deutscher Befreiungskrieg: Blücher (Marschall Vorwärts) und Gneisenau. Schwarzenberg.

18 Oct. Völkerschlacht bei Leipzig.

1814 Einzug der Verbündeten in Paris. Napoleon nach Elba. Pariser Friede. Die Bourbonen werden wieder eingesetzt. — Wiener Congress — 1815. Deutsche Bundesacte.

1815 Napoleons Rückkehr ('die 100 Tage') und Niederlage bei Waterloo (Belle-Alliance, 18 Juni); Wellington und Blücher. Napoleon gefangener auf St. Helena († 1821).

1821 Freiheitskampf der Griechen gegen die Türken. — Die spanischen Colonien in Amerika unabhängig.

1825—1855 Kaiser Nikolaus von Russland.

1830 die Pariser Julirevolution. Ludwig Philipp von Orleans, König der Franzosen. Belgien reifst sich von Holland los.

1840 Friedrich Wilhelm 4, König von Preufsen.

1848 die Revolution in Frankreich Deutschland Italien Ungarn. — Franz Joseph Kaiser von Österreich. — Ludwig Napoleon Präsident der französischen Republik; 1852 Kaiser Napoleon 3.

1849 die Revolution wird bekämpft, in Deutschland von den Preufsen, in Italien von den Österreichern unter Radetzky, in Ungarn unter Haynau (mit russischer Hilfe).

1853—1856 Krieg Russlands mit der Türkei und deren Schutzmächten Frankreich und England.

1859 italienischer Krieg Victor Emanuels von Sardinien und Napoleons 3 gegen Österreich. Königreich Italien.

1861 Wilhelm 1, König von Preufsen.

1864 schleswig-holsteinischer Krieg der Österreicher und Preufsen. Die deutschen Herzogthümer werden von Dänemark abgetrennt.

ZWEITER CURSUS.

I. DIE ALTE GESCHICHTE.

A. Das Morgenland,

von der Entstehung der ältesten Reiche bis auf die Kriege der Perser mit den Griechen.

Nach 4000 v. Ch. Cultur der Ägypter im Tieflande des Nils und der Babylonier im Tieflande des Euphrat. — Wanderung der Arier an den Indus (und Ganges), der Chinesen zum östlichen Küstenlande Asiens.

um 2000 Abraham Stammvater der Israeliten.

nach 1500 Moses Gesetzgeber der Israeliten.
Schiffahrt und Handel der Phönicier von Sidon.

1350 Eroberungszüge des K. Ramesses 2 (Sesostris) von Ägypten.

1250 das assyrische Reich erstreckt sich über Vorderasien.

1000 Könige von Israel: Saul David Salomo.

967 der Tempelbau zu Jerusalem. — Blüte von Tyrus unter dem Könige Hiram.

929 Theilung des israelitischen Reiches: Juda unter Rehabeam (dem Hause Davids), Israel unter Jerobeam.

824 Gründung von Karthago durch die Tyrier.

747 Aera Nabonassars von Babylon. — Züge der Kimmerier. — Selbständige Reiche Lydien (719) und Medien (709).

700 Salmanassar (Sargina) von Assyrien zerstört das Reich Israel.

664 Psametich König von Ägypten.

625 Nabopalassar König von Babylon. Züge der Skythen in Asien.

606 Ninive wird zerstört durch Kyaxares von Medien und Nebukadnezar von Babylon.

605 Neko von Ägypten wird bei Karchemisch am Euphrat von Nebukadnezar geschlagen (Neb. König 605 — 562). — Babylonische Gefangenschaft der Juden — 538.

586 Jerusalem wird durch Nebukadnezar zerstört.

558—529 der Perserkönig Cyrus erobert Medien, das lydische Reich des Croesus (548), Babylon (538).

525 † Amāsis. Cambyses der Perser (529 — 522) erobert Ägypten.

521—485 Darius Hystaspis König der Perser.

514 Darius Zug über die Donau gegen die Skythen. Das Perserreich erstreckt sich vom Indus bis zur Donaumündung. Susa die Hauptstadt.

500 Anfang der Perserkriege mit den Griechen.

B. Geschichte der Griechen.

1. *Von den frühesten Wanderungen bis auf die Kriege mit den Persern* 500 *v. Ch.*
2. *Bis auf Alexander den grofsen* 336.
3. *Bis auf die Zerstörung von Korinth durch die Römer* 146.

---

1. Von den frühesten Wanderungen bis auf die Kriege mit den Persern 500 v. Ch.

2000 die Pelasger, Griechenlands älteste Bewohner. Städte Argos, Larissa. Das Zeusorakel zu Dodona.

1500 die Hellenen: ihre Stämme Aeolier (Achaeer), Ionier, Dorier. Zeusdienst auf Kreta und zu Olympia, Apollodienst auf Delos und zu Delphi.

Verkehr mit Ägypten Phönicien Kleinasien (Mythen von Danaos in Argos, Kadmos in Theben, Pelops im Peloponnes).

Macht der Achaeer. Kretas Seemacht und Gesetze; Minos.

Die Heldenzeit: Herakles, Theseus, Iason und die Argonauten. Oedipus und seine Söhne; Zug der Sieben gegen Theben. Der trojanische Krieg (1194 — 1184).

1104 Einwanderung der Dorier in den Peloponnes unter den Herakliden: Argos, Sparta, Messenien; Korinth, Sikyon, Megara. — Aetoler in Elis. Die Achaeer besetzen die Nordküste (Achaja) und verdrängen die Ionier.

1068 Tod des Kodros, des letzten Königs von Athen.

1044 hellenische Colonien in Kleinasien. Aeolis. Ionien. Doris.

884 Lykurgs Gesetze in Sparta. Doppelkönigthum der Agiaden und Eurypontiden.

776 Aera der Olympiaden (von je vier Jahren).

743—724 erster messenischer Krieg. König Aristodemos auf Ithome. Ephoren in Sparta.

700 das Königthum unterliegt den Geschlechtern (Aristokratie, Oligarchie); die Geschlechter werden bekämpft von den Führern der Gemeinde, den Tyrannen. Colonien am Pontus, in Sicilien und Unteritalien (Grofsgriechenland). Seemacht der Milesier und Korinthier.

645—628 zweiter messenischer Krieg. Aristomenes in Eira.

620 Drakons Strafgesetze zu Athen.

594 die solonische Verfassung zu Athen. — Heiliger Krieg gegen Kirrha für das delphische Heiligthum. Kleisthenes von Sikyon. Periandros von Korinth. — Sparta gewinnt die Hegemonie im Peloponnes.

560 Peisistratos, Tyrann von Athen. — Die Griechen in Asien werden von den Persern abhängig. — Polykrates, Tyrann von Samos.

527 † Peisistratos. Seine Söhne Hippias und Hipparchos.

514 Hipparchos † durch Harmodios und Aristogeiton. — Darius Zug über die Donau. Der Tyrann Histiaeos von Milet.

510 Hippias wird aus Athen vertrieben. Der Alkmaeonide Kleisthenes reformiert die Verfassung.

2. Von den Perserkriegen bis auf Alexander den grofsen 500—336.

500—494 Aufstand der Ionier. Aristagoras von Milet. Anfang der Perserkriege.

492 erster Perserzug gegen Griechenland. Die Flotte des Mardonius scheitert am Berge Athos.

490 zweiter Perserzug unter Datis und Artaphernes. Sieg der Athener unter Miltiades bei Marathon.

485 Xerxes, König der Perser. Gelon, Tyrann von Syrakus.

480 dritter Perserzug unter Xerxes. Tod der 300 Spartaner unter Leonidas in den Thermopylen. Seegefechte bei Artemision. Schlacht bei Salamis. Der Spartaner Eurybiades, der Athener Themistokles. — Die sicilischen Griechen unter Gelon schlagen die Karthager bei Himera.

479 Feldzug des Mardonius. Schlacht bei Plataeae. Pausanias von Sparta, Aristeides von Athen.
Schlacht bei Mykale. König Leotychides von Sparta und der Athener Xanthippos.

477 Athens Hegemonie. Aristeides der gerechte setzt die Beisteuern der Bundesgenofsen fest. Der Hafen Peiraeeus.

c[a] 467 Tod des Pausanias. Themistokles in der Verbannung geächtet.

465 Kimons See- und Landsieg am Flufse Eurymedon. — Xerxes wird ermordet. Artaxerxes Langhand, König der Perser — 425.

464 dritter messenischer Krieg (— 455). — Kimon wird aus Athen verbannt. Perikles.

460 ägyptischer und aeginetischer Krieg der Athener. Bau der langen Mauern von Athen.

457 Niederlage der Athener bei Tanagra.

449 † Kimon auf Cypern. Ende des Perserkriegs.

447 Niederlage der Athener bei Koroneia.

445 '30jähriger' Friede der Athener mit dem peloponnesischen Bunde. — Höchste Macht und Blüte Athens unter Perikles.

431 — 404 der peloponnesische Krieg. Sparta und seine Bundesgenofsen bekämpfen die Seemacht Athens. Korkyra. — Der Geschichtschreiber Thukydides.

431 — 421 archidamischer Krieg.

430 die Pest zu Athen. Perikles † 429. Die athenischen Feldherrn Nikias und Demosthenes; Kleon der Gerber.

427 Mytilene ergibt sich den Athenern; Plataeae wird von den Thebanern und Spartanern zerstört.

425 Pylos in Messenien von den Athenern besetzt. 300 Spartaner auf der Insel Sphakteria gefangen genommen.

422 Sieg und Tod des Spartaners Brasidas bei Amphipolis in Thracien; Kleon †.

421 Friede des Nikias (auf 50 Jahre). — Alkibiades vermittelt das Bündniss der Athener mit den Argivern.

415 Heerfahrt der Athener gen Sicilien (— 413) unter Alkibiades Nikias Lamachos. Alkibiades als Gotteslästerer verfolgt flieht zu den Spartanern.

413 Untergang der athenischen Flotte und des Heeres vor Syrakus (nebst den Verstärkungen unter Demosthenes und Eurymedon). Gylippos der Spartaner.

413—404 dekeleïscher Krieg. Die Spartaner besetzen die Feste Dekeleia in Attika und rüsten eine Flotte mit persischem Gelde (K. Darius Nothus 424—405). Abfall athenischer Bundesgenofsen.

411 Umsturz der Verfassung zu Athen; die 400. Alkibiades auf der athenischen Flotte zu Samos.

410 Alkibiades schlägt die spartanische Flotte bei Kyzikos, erneuert die athenische Seeherrschaft und kehrt nach Athen zurück (408).

407 Lysander Befehlshaber der spartanischen Flotte. Alkibiades wird abgesetzt († 404).

406 Sieg der Athener bei den Arginusen. Process der Feldherrn.

405 Lysander besiegt die athenische Flotte bei Aegospotamoi. — Die Karthager erobern das westliche Sicilien. Dionysios 1 wird Tyrann von Syrakus.

404 Athen ergibt sich Lysander. Die langen Mauern werden niedergerifsen. Herrschaft der Dreifsig. Theramenes. Kritias. — Sparta gebietet über alle Hellenen.

403 Thrasybulos vertreibt die Dreifsig; Herstellung der Demokratie.

401 Zug des jüngeren Kyros wider seinen Bruder Artaxerxes Mnemon von Persien (405—359). Schlacht bei Kunaxa. Rückzug der 10000 Hellenen. Xenophon.

399 Sokrates trinkt den Giftbecher.

396 König Agesilaos von Sparta greift die Perser in Asien an. Tissaphernes †. Pharnabazos.

395 korinthischer Krieg (— 387): Theben Athen Korinth Argos wider Sparta. Lysander † vor Haliartos.

394 Agesilaos kehrt aus Asien zurück und siegt bei Koroneia.

Seeschlacht bei Knidos; die spartanische Flotte wird von der persischen unter Konon besiegt. Konon erneuert die langen Mauern von Athen. Söldner des Iphikrates.

387 Friede des Spartaners Antalkidas mit den Persern. Die Griechen in Vorderasien werden den Persern preisgegeben.

383 der Spartaner Phoebidas besetzt die Burg von Theben (auf dem Zuge gegen Olynthos).

379 Theben durch Pelopidas befreit. Boeotischer Krieg — 362.

377 die athenischen Feldherrn Timotheos Chabrias Iphikrates stiften den jüngern Seebund. Der Redner Kallistratos.

371 Niederlage der Spartaner bei Leuktra. König Kleombrotos †. Epaminondas und Pelopidas begründen Thebens Macht.

369 Epaminondas vor Sparta. Messenien wird selbständig, Megalopolis als Hauptstadt von Arkadien erbaut. — Dionysios 2, Tyrann von Syrakus.

364 Pelopidas † in Thessalien. Alexander Tyrann von Pherae.

362 Schlacht bei Mantineia. Epaminondas † im Siege.

359 Philipp 2, König von Macedonien (— 336). Hst. Pella. — Agesilaos Söldnerdienst in Ägypten; † auf der Heimkehr.

357—355 Bundesgenofsenkrieg wider Athen. Ende des Chabrias Iphikrates Timotheos. Der Feldherr Chares. — Krieg der Athener mit Philipp über Amphipolis.

355—346 der (heilige) Krieg gegen die Phokier. Tempelraub.

352 K. Philipp in Thessalien und vor den Thermopylen.

348 Philipp zerstört Olynthos. Demosthenes sein Gegner.

346 Friede der Athener mit Philipp. Aeschines. Philipp dringt nach Hellas vor und beendet den phokischen Krieg.

340 Philipp erobert Thracien und belagert Byzanz. Athenische Kriegserklärung.

338 Philipp siegt bei Chaeroneia und wird zu Korinth als Feldherr der Hellenen für den Perserkrieg erwählt. Ende der selbständigen hellenischen Politik. — Timoleon befreit Sicilien von den Tyrannen und schlägt die Karthager.

336 Philipp wird ermordet. Alexander König von Macedonien.

3. Von Alexander dem grofsen bis auf die Zerstörung von Korinth durch die Römer 336—146.

336—323 König Alexander der grofse (geb. 356).

335 Alexander zerstört Theben.

334 Übergang nach Asien. Schlacht am Flufse Granicus.

333 Schlacht bei Issus. König Darius Codomannus.

332 Belagerung von Tyrus. Alexandrien in Ägypten gegründet.

331 Schlacht bei Arbela. Alexander König von Asien.

330 König Agis von Sparta † bei Megalopolis. — König Darius wird durch den Satrapen Bessus getödtet.

327—325 Alexanders Zug nach Indien (bis zum Hyphasis).

323 † Alexander zu Babylon.

322 der lamische Krieg. Leosthenes. Antipaters Sieg und Rache; Demosthenes †. Phokion.

Kriege unter den königlichen Feldherrn: Perdikkas Antipater Polysperchon Eumenes; Lysimachus Ptolemaeus Antigonus, Cassander (Antipaters Sohn), Demetrius der Städtebelagerer (Antigonus Sohn), Seleucus.

Untergang des königlichen Hauses durch Olympias und Cassander. — Agathokles Tyrann von Syrakus.

301 Schlacht bei Ipsus: König Antigonus †. Reiche der Seleuciden von Syrien (—64), der Ptolemaeer von Ägypten (—30). König Pyrrhus von Epirus. Seemacht der Rhodier. — Der aetolische Bund.

280 erneute Stiftung des achaeischen Bundes.

280—275 Pyrrhus in Italien und Sicilien. — Einfall der Kelten in Macedonien und Griechenland.

272 Pyrrhus † in Argos. Antigonus Gonatas (Demetrius Sohn), König von Macedonien (sein Haus bis 168).

251 Aratos, Feldherr des achaeischen Bundes († 213).

225 König Kleomenes von Sparta stürzt die Ephorengewalt.

221 Schlacht bei Sellasia: Kleomenes (der letzte Heraklide) unterliegt den Achaeern und Macedoniern.

215 Philipp 5 von Macedonien verbündet sich mit Hannibal (nach der Schlacht bei Cannae 216), die Aetoler mit den Römern.

200 Krieg zwischen König Philipp und den Römern.

197 Schlacht bei Kynoskephalae. Der römische Proconsul T. Quinctius Flamininus schenkt den Griechen die Freiheit.

190 König Antiochus von Syrien wird von den Römern bei Magnesia geschlagen. Ende des aetolischen Bundes.

183 Philopoemen †, 'der letzte Hellene'. Hannibal †.

179 Perseus, der letzte König von Macedonien.

168 Schlacht bei Pydna. Die macedonische Phalanx erliegt den römischen Legionen. L. Aemilius Paullus. Perseus † in der Gefangenschaft.

1000 Achaeer als Geiseln nach Italien. Polybios.

148 Macedonien römische Provinz. Letzter Krieg der Achaeer.

146 Korinth von L. Mummius zerstört. Der achaeische Bund aufgelöst. Achaja in der Gewalt der Römer.

C. Römische Geschichte 753 v. Ch. — 568 n. Ch. Geb.

1. *Die Zeit der Könige* 753—510.
2. *Die Republik bis zur Eroberung von Italien* 510—264.
3. *Kampf der Römer um die Weltherrschaft, bis zum Tribunat der Gracchen* 264—133.
4. *Roms Übermacht und Bürgerkriege, bis zur Alleinherrschaft des Augustus* 133—30 *v. Ch.*
5. *Römische Kaiser bis auf Diocletianus,* 30 *v. Ch. bis* 284 *n. Ch.*
6. *Das getheilte Reich seit Diocletianus bis zur Völkerwanderung,* 284—375 (*und dem Ende der römischen Macht im Abendlande* 568 *n. Ch.*).

---

1. Die Zeit der Könige 753—510 v. Ch.

Romulus	753—717	L. Tarquinius Priscus	616—578
Numa Pompilius	715—674	Servius Tullius	578—534
Tullus Hostilius	673—642	L. Tarquinius Superbus	534—510
Ancus Marcius	641—616		

Latiner Sabiner Umbrer und Etrusker in Mittelitalien. Alba longa, Vorort der Latiner.

753 Gründung der Stadt Rom auf dem palatinischen Berge. Romulus und Remus, Söhne des Mars. Zutritt der Sabiner unter T. Tatius. — Die Tribus der Ramnes Tities Luceres. Comitia curiata. Senatus.

Romulus der erste König, vergöttert als Quirinus.

Numa Pompilius der Sabiner. Ordnung des Götterdienstes und der Priesterschaften.

Tullus Hostilius zerstört Alba longa.

Ancus Marcius (Sabiner), der gute König. Latinische Gemeinden werden nach Rom übersiedelt. Hafen Ostia. —

L. Tarquinius Priscus. Einflufs etruskischen Wesens. Königliche Bauten. Patres minorum gentium.

Servius Tullius ordnet das Gemeinwesen. Census der Bürgerschaft (Patricier und Plebejer): die Classen und Centurien der wehrpflichtigen. Rom im Bunde mit den Latinern.

L. Tarquinius Superbus, der letzte König. Tyrannei in Rom: der capitolinische Tempel. Herrschaft über Latium.

510 Frevel des S. Tarquinius: Tod der Lucretia. L. Junius Brutus. Vertreibung der Tarquinier aus Rom (und der Peisistratiden aus Athen).

2. Die römische Republik bis zur Eroberung von Italien (die Heldenzeit) 510—264.

Herrschaft der Patricier; Senat (Patres Conscripti), zwei Con-
509 suln (Praetores) auf ein Jahr. — Die ersten Consuln Brutus und Tarquinius Collatinus. P. Valerius Poplicola. M. Horatius. Einweihung des capitolinischen Tempels.

508 Eroberungszüge der Etrusker in Mittelitalien. König Porsenna von Clusium vor Rom.

496 der Dictator A. Postumius schlägt die Latiner am See Regillus.

494 secessio Plebis in sacrum montem. Volkstribunen. — Coriolanus und die Volsker.

486 erstes Ackergesetz des Sp. Cassius Viscellinus zu Gunsten der Plebejer. — Rom im Bunde mit den Latinern und Hernikern. Kriege mit den Vejentern Sabinern Aequern und Volskern. Tod der Fabier am Cremera im Vejenterkriege.

462 lex Terentilia über Abfassung geschriebener Gesetze.

458 L. Quinctius Cincinnatus schlägt als Dictator die Aequer.

451—449 Regierung der Decemvirn. Die 12 Gesetztafeln. — Frevel des Appius Claudius; Tod der Virginia. Herstellung der Consulargewalt und des Tribunenrechtes.

445 lex Canuleja de conubio Patrum et Plebis. Tribuni militares consulari potestate. — Censoren.

431 Schlacht am Berge Algidus. A. Postumius besiegt die Aequer und Volsker. — Peloponnesischer Krieg.

396 Veji wird nach zehnjähriger Belagerung von M. Furius Camillus erobert. Winterfeldzüge und Sold für das Heer. Verfall der Etruskermacht.

390 Schlacht an der Allia. Der gallische Brand Roms. Brennus. M. Manlius Capitolinus. Camillus.

366 leges Liciniae Sextiae. L. Sextius erster plebejischer Consul. Ausgleichung der Stände.

343—341 erster Samnitenkrieg. Capua unter römischem Schutze. M. Valerius Corvus siegt am Berge Gaurus.

340 Aufstand der Latiner. Sieg der Römer unter T. Manlius Torquatus am Veseris.

338 Unterwerfung der Latiner und Campaner. — Philipp von Macedonien schlägt die Hellenen bei Chaeroneia. Alexander der grofse (336—323).

326—304 zweiter Samnitenkrieg. L. Papirius Cursor. Q. Fabius Rullianus.

321 das römische Heer in den caudinischen Pässen gefangen. Friedenschlufs des Samniten Gajus Pontius. —

Ganz Unteritalien unter den Waffen.

311 Krieg mit den Etruskern (—280). Appius Claudius (Caecus) Censor. Colonien und Heerstrafsen der Römer. Die Völker von Mittelitalien stehen auf.

304 die Römer überall siegreich: Friede mit den Samniten.

298—290 dritter Samnitenkrieg. Verbindung der Samniten mit den Etruskern Umbrern und Galliern.

295 die vereinigten Samniten Etrusker und Gallier bei Sentinum besiegt. Q. Fabius Maximus Rullianus. P. Decius Mus †.

290 Unterwerfung der Samniten und der Sabiner. M'. Curius Dentatus.

280 tarentinischer Krieg: König Pyrrhus von Epirus in Italien (—275). — Friede der Römer mit den Etruskern.

Pyrrhus schlägt die Römer bei Heraklea am Siris und bei Asculum. — Kineas im römischen Senate. — C. Fabricius.

275 M'. Curius Dentatus schlägt Pyrrhus bei Beneventum.

272 Tarent von den Römern erobert. Pyrrhus † in Argos.

264 ganz Italien den Römern unterworfen (aufser Gallia cisalpina). Sicilien und die Karthager.

3. Kampf der Römer um die Weltherrschaft, bis zum Tribunat der Gracchen, 264—133.

264—241 erster punischer Krieg. Übergang der Römer nach Sicilien. Die Mamertiner in Messana. König Hiero von Syrakus.

260 Gajus Duilius gewinnt den ersten Seesieg über die Karthager.

255 M. Regulus in Afrika, von dem Lakedämonier Xanthippos geschlagen und gefangen. — Schiffbruch römischer Flotten.

250 L. Caecilius Metellus schlägt die Karthager vor Panormus.

247 Hamilkar Barkas karthagischer Feldherr auf Sicilien.

241 Seesieg der Römer bei den aegatischen Inseln. C. Lutatius Catulus. — Friede mit den Karthagern: römische Provinz Sicilien.

238 die Römer besetzen Sardinien und Corsica. Hamilkar unternimmt die Eroberung von Spanien († 229).

228 Krieg gegen die Illyrier; die Königin Teuta.

225—222 Krieg mit den Galliern südlich der Alpen. Gajus Flaminius. M. Claudius Marcellus siegt bei Clastidium. Die Alpen Grenze der römischen Herrschaft.

219 Hannibal zerstört Sagunt.

218—201 zweiter punischer Krieg.

218 Hannibals Zug über die Alpen nach Italien. Reitertreffen am Fl. Ticinus. P. Cornelius Scipio. — Schlacht am Fl. Trebia. Ti. Sempronius.

217 Schlacht am trasimenischen See. C. Flaminius †. Q. Fabius Maximus der Zauderer Dictator ('Roms Schild')

216 Schlacht bei Cannae. L. Aemilius Paulus †. C. Terentius Varro. — Hannibals Winterquartiere in Capua. König Hiero †. Syrakus tritt zu den Karthagern über.

215 Marcellus ('Roms Schwert') schlägt Hannibal bei Nola zurück.

212 Marcellus erobert Syrakus. Archimedes †. Ganz Sicilien römische Provinz.

211 Hannibal vor den Thoren Roms. Capua ergibt sich den Römern. — P. Scipio (Africanus) erhält den Oberbefehl in Spanien und begründet die römische Herrschaft.

207 Hasdrubals Niederlage und Tod am Fl. Metaurus. Gajus Claudius Nero. M. Livius Salinator.

202 Schlacht bei Zama: P. Cornelius Scipio Africanus siegt über Hannibal.

201 Friede mit Karthago. Massinissa König der Numidier. Spanien wird den Römern überlafsen. Spanische Kriege — 24.

200—197 Krieg mit König Philipp 5 von Macedonien.

197 Sieg der Römer bei Kynoskephalae: T. Quinctius Flamininus schenkt den Griechen die Freiheit.

190 König Antiochus von Syrien wird bei Magnesia (am Berge Sipylos) geschlagen. L. Scipio (Asiagenus). K. Eumenes von Pergamos und die Rhodier mit Land belohnt.

183 † Hannibal, Philopoemen, P. Scipio Africanus. — M. Porcius Cato Censorius.

171—168 Krieg mit König Perseus von Macedonien.

168 Schlacht bei Pydna: die macedonische Phalanx erliegt den römischen Legionen. L. Aemilius Paullus.
1000 Achaeer als staatsgefangene nach Italien.

149—146 dritter punischer Krieg. Massinissa und Cato †.

146 P. Scipio Africanus minor (Aemilianus) zerstört Karthago. L. Mummius zerstört Korinth. Römische Provinzen Africa, Macedonia, Achaja.

153—133 spanische Kriege gegen die Celtiberer und Lusitaner. Viriathus wird ermordet 139; Numantia von Scipio zerstört 133.

4. Roms Übermacht und Bürgerkriege, bis zur Alleinherrschaft des Augustus, 133—30 v. Ch.

133 Ti. Sempronius Gracchus Volkstribun (lex agraria); † durch Scipio Nasica und die Senatspartei. Provinz Asia. — Scipio Africanus wird ermordet 129.

123—122 Gesetze des Volkstribunen C. Gracchus; † durch den Consul L. Opimius 121. — Kriege in Gallia Transalpina.

113—101 Krieg mit den Cimbern und Teutonen.

111—105 Krieg mit dem Numidierkönig Jugurtha. Q. Metellus Numidicus. Gajus Marius.

106 M. Tullius Cicero und Gnaeus Pompejus geboren.

105 Niederlage der Römer vor den Cimbern an der Rhone. — C. Marius fortdauernde Consulate (104—100).

102 Marius schlägt die Teutonen bei Aquae Sextiae.

101 Marius und Q. Catulus schlagen die Cimbern auf den raudischen Feldern bei Vercellae.

100 Marius zum 6. Male Consul. Umtriebe des Tribunen Saturninus und des Praetors Glaucia. — Caesar geboren.

90—88 der Bundesgenofsenkrieg (bellum Marsicum). Die Italiker erlangen das römische Bürgerrecht. Cn. Pompejus Strabo. L. Cornelius Sulla.

88 König Mithridates von Pontus läfst die Römer in Asien ermorden. Sulla und Marius streiten um den Oberbefehl: der erste Bürgerkrieg—82.

87 L. Cornelius Cinna ruft als Consul den geächteten Marius zurück. Die Optimaten ermordet.

86 † Marius im 7. Consulate. — Sulla erstürmt Athen und schlägt bei Chaeroneia und (85) bei Orchomenos die Heere des Mithridates.

84 Cinna wird von seinen Soldaten erschlagen. — Sulla schliefst Frieden mit Mithridates.

83 Sullas siegreiche Heimkehr. Gnaeus Pompejus (Magnus).

82—79 Sulla Felix Dictator. Proscriptionen. Die Regierungsgewalt wird dem Senate zurückgegeben.

78 † Sulla als Privatmann. — Q. Sertorius in Spanien.

74 grofser mithridatischer Krieg in Asien. L. Licinius Lucullus.

73—71 der Gladiatorenkrieg unter Spartăcus, beendigt durch M. Licinius Crassus den reichen.

72 Sertorius wird ermordet auf Anstiften des Perperna. Pompejus beendigt den spanischen Krieg.

70 erstes Consulat des Pompejus und Crassus: die Tribunengewalt wird hergestellt.

69 Lucullus schlägt den König Tigranes von Armenien bei Tigranocerta.

67 Pompejus erhält den Oberbefehl zur See (lex Gabinia) und vernichtet die Seeräuber.

66 Pompejus erhält den Oberbefehl in Asien (lex Manilia) und beendigt den mithridatischen Krieg. Mithridates † 63. Syrien Provinz. Der Euphrat Grenze des römischen Reichs.

63 Ciceros Consulat. Die catilinarische Verschwörung.

61 Rückkehr und Triumphe des Pompejus. M. Porcius Cato.

60 erstes Triumvirat: Pompejus, Crassus, Caesar. — Gajus Julius Caesar wird zum Consul gewählt.

58 P. Clodius bewirkt als Tribun Ciceros Verbannung (—57).

58—50 Caesar erobert als Proconsul Gallien und Belgien.

55 zweites Consulat des Pompejus und Crassus. — Caesar geht über den Rhein und nach Britannien.

53 Crassus † im Kriege gegen die Parther.

49 zweiter Bürgerkrieg. Caesar geht über den Rubicon und bekriegt Pompejus und den Senat.

48 Schlacht bei Pharsālus. Pompejus wird in Ägypten ermordet.

47 alexandrinischer Krieg: Kleopatra Königin von Ägypten. Caesars Sieg über Pharnăces in Asien ('veni vidi vici').

46 africanischer Krieg: Caesar besiegt bei Thapsus König Juba und die Pompejaner. Cato † in Utica. Caesar regiert als Dictator.

Procurat. Cuspius Fadus 44–? [illegible]. Theudas
–48 Tiberius Alexander. [illegible] – Söhne d. Judas Gal. gekreuzigt
Ventidius Cumanus 48–52. [illegible] Zeloten Samaritaner
[illegible] Felix 52–60 Drusilla. Paulus. . Aegypter
Porcius Festus 60–62 [illegible]
Albinus 62–64. mit [illegible]
Gessius Florus 64–66

45 spanischer Krieg mit den Söhnen des Pompejus. Schlacht bei Munda. Cn. Pompejus †.

44 (15 März) Caesar ermordet. M. Junius Brutus. C. Cassius. — M. Antonius. Caesar Octavianus (geb. 63).

43 Krieg um Mutĭna. Zweites Triumvirat: Octavianus. Antonius, Lepidus. Proscriptionen: Cicero †.

42 die Schlachten bei Philippi. Cassius und Brutus †. — Antonius folgt der Königin Kleopatra nach Ägypten.

36 S. Pompejus wird bei Sicilien von M. Agrippa und der Flotte des Octavianus besiegt. — Lepidus wird entwaffnet.

31 die Seeschlacht bei Actium.

30 Antonius und Kleopatra †. Ägypten römische Provinz. Das römische Reich umfasst die Küsten des Mittelmeeres. Octavianus herrscht als Imperator Caesar.

5. Römische Kaiser bis auf Diocletianus 284.

a. die Julier 30 *v. Ch.* — 68 *n. Ch.*

30 v. Ch. — 14 n. Ch. der Imperator Caesar Augustus gibt dem Reiche Frieden. Maecenas. M. Agrippa. Tiberius und Drusus die Söhne der Livia.

15 Drusus und Tiberius unterwerfen die Alpenvölker (Raeter, Vindeliker und Noriker). Das rechte Donauufer römisch.

12 — 9 Drusus Feldzüge in Deutschland.

1 Jesus Christus geboren.

9 Arminius schlägt den Varus und die römischen Legionen im Teutoburger Walde. — Marbod der Markomannenkönig. Rhein und Donau Grenzen des Reichs.

14 — 37 Tiberius. — Judicia majestatis. Sejanus und die Praetorianer in Rom.

14 — 16 Germanicus Feldzüge in Deutschland.

19 Germanicus † zu Antiochien. — Armenien und die Parther.

33 Christi Leiden unter Pontius Pilatus.

37 — 41 Gajus Caesar Caligula (S. des Germanicus).

41 — 54 Claudius (S. d. Drusus). Seine Weiber Messalina und Agrippina. — Britannien römische Provinz.

54 — 68 Nero, der Mörder seiner Mutter. Sein Lehrer Seneca.

64 der grofse Brand Roms: Christenmord.

68 Nero †, der letzte Julier. Die Heere in den Provinzen setzen Kaiser ein: Galba, Otho, Vitellius † 69. — Aufstand des Bataven Claudius Civilis.

b. die Flavier 69—96.

69—79 T. Flavius Vespasianus.

70 Jerusalem wird durch Titus zerstört.

79—81 Titus. — Ausbruch des Vesuvs: Herculaneum und Pompeji verschüttet.

81—96 Domitianus.
Agricola vollendet die Eroberung von Britannien.

c. Kaiserwahl durch Adoption 96—180.

96—98 Nerva.

98—117 Trajanus, der beste Kaiser.

106 Dacien römische Provinz. Decebalus †.

114—117 Trajans Eroberungszug gegen die Parther. Weiteste Ausdehnung der römischen Grenzen.

117—138 Hadrianus. Des Kaisers Wanderungen durch die Provinzen. Grenzwälle. — Zerstreuung der Juden.

138—161 T. Antoninus Pius. Langjähriger Friede.

161—180 M. Aurelius der Philosoph.
Neue Kriege mit den Parthern am Euphrat und den Markomannen an der Donau.

d. Soldatenkaiser 180—284.

180 Commodus der Gladiator.

193—211 Septimius Severus siegt über die Gegenkaiser und schlägt die Parther und die Caledonier.

211 Caracalla (sein Bruder Geta † 212). Das römische Bürgerrecht an alle Provincialen ertheilt. — Alemannen, Franken und Gothen dringen vor. Die römischen Heere werden durch Söldner aus den Barbaren ergänzt.

218 Elagabalus, der syrische Sonnenpriester.

222 Severus Alexander unter Leitung seiner Mutter Mamaea.

226 das neupersische Reich der Sassaniden — 632.

244 Philippus Arabs. — Das tausendjährige Jubiläum der Stadt Rom.

249—251 Decius. Erste grofse Christenverfolgung. Decius † im Kriege mit den Gothen.

254—260 Valerianus, † in persischer Gefangenschaft. Sein Sohn und Mitregent Gallienus † 268. Auflösung des Reichs durch die Empörungen der Statthalter ('die 30 Tyrannen'). — Raubfahrten der Gothen im Pontus und Archipel.

268—270 Claudius Gothicus.

270—275 Aurelianus (restitutor orbis). Rom wird mit Mauern umgeben; Dacien den Gothen eingeräumt. — Palmyra wird zerstört; die Königin Zenobia gefangen.

276—282 Probus. Militärcolonien am Rhein und an der Donau.

284 Carus †. Diocletianus wird im Orient Kaiser.

6. Das getheilte Reich seit Diocletian bis zur Völkerwanderung, 284—375 (und dem Ende der römischen Macht im Abendlande 568).

284—305 Diocletianus theilt die Verwaltung des Kaiserthums. Maximianus; Constantius Chlorus und Galerius.

Letzte grofse Christenverfolgung. — Die Sachsen mächtig auf der Nordsee.

305 Diocletian legt die Regierung nieder. Galerius Augustus.

306 † Constantius. Constantinus Kaiser in Britannien, Gallien und Spanien; Maxentius und sein Vater Maximianus in Italien; Galerius († 311), (Severus) Licinius in Illyrien; Maximinus im Orient.

312 Constantinus siegt über Maxentius: die Christen begünstigt.

313 Maximinus † im Kriege mit Licinius.

323 Licinius besiegt († 324). Constantin Alleinherrscher.

325 erstes allgemeines Concil zu Nicaea. Constantin der grofse, Schutzherr der christlichen Kirche.

330 Constantinopel, Hauptstadt des römischen Reichs.

337 † Constantin der grofse. Seine Söhne Constantinus Constans und Constantius († 361).

356—360 Julianus schlägt die Franken und Alemannen aus Gallien zurück.

360—363 Julianus der abtrünnige, der letzte heidnische Kaiser; † im Kriege gegen die Perser.

364—375 Valentinianus im Westen; Valens im Osten. — Sieg des Christenthums über das Heidenthum.

375 Einfall der Hunnen: Anfang der Völkerwanderung.

378 Schlacht bei Adrianopel. Kaiser Valens †. Die Westgothen in den römischen Donauländern.
Kaiser Theodosius der grofse erhält das Reich.

395 Theodosius theilt das Reich unter seine Söhne: Arcadius im O., Honorius im W. Der Vandale Stilicho.

405 Einfall des Radagais mit gothischen Scharen in Italien.

406 Vandalen, Alanen und Sueven dringen über den Rhein vor.

408 Stilicho †. König Alarich und die Westgothen in Italien.

410 Rom wird von Alarich erobert.

412 die Westgothen erobern in Süd-Gallien und Spanien. — Reiche der Vandalen, Alanen und Sueven in Spanien. Burgunder und Franken im östlichen Gallien.

425—455 Kaiser Valentinianus 3. Die feindlichen Feldherrn Bonifacius und Aëtius.

429 Genserich und die Vandalen in Afrika.

444—454 der Hunnenkönig Attila, 'die Gottesgeisel'.

451 Attilas Zug gen Gallien. Aëtius und die Westgothen siegen in der Hunnenschlacht bei Chalons an der Marne.

452 Attila in Italien; zerstört Aquileja. Leo 1 der grofse, Bischof von Rom, verhandelt als Gesandter mit dem Hunnenkönige.

454 † Attila. Aëtius, der letzte Hort des Westreiches, wird von dem Kaiser Valentinian erschlagen.

455 Genserich und die Vandalen plündern Rom.

456—472 der Sueve Ricimer gebietet über Italien und die Kaiser. Das östliche Kaiserthum waltet vor.

476 Romulus Augustulus wird entthront; der Heerkönig Odovakar Herr von Italien. Ende des römischen Kaiserthums im Abendlande.

486 Schlacht bei Soissons: König Chlodwig besiegt den Römer Syagrius und stiftet das Frankenreich in Gallien.

489—493 der Ostgothenkönig Theodorich der grofse erobert Italien († 526).

527—565 Kaiser Justinian 1 (Corpus juris). — Der Perserkönig Chosru 1.

534 Justinians Feldherr Belisar zerstört das Vandalenreich.

535—555 Kriege Justinians mit den Ostgothen. Belisar. Narses. Italien Provinz des oströmischen Reiches.

568 Alboin König der Langobarden, erobert Norditalien.

II. GESCHICHTE DES MITTELALTERS.
375—1517.

1. *Von der Völkerwanderung bis auf Kaiser Karls des grofsen Tod* 375—814.
2. *Von der Auflösung des Frankenreichs bis auf Pabst Gregor* 7, 814—1073.
3. *Von Pabst Gregor 7 bis auf König Rudolf von Habsburg* (*die Zeit der Kreuzzüge*) 1073—1273.
4. *Von König Rudolf von Habsburg bis auf die Reformation der Kirche* 1273—1517.

Die Germanen im Kampfe mit den Römern; das Christenthum im Kampfe mit dem Heidenthum.

113—101 v. Ch. Züge der Cimbern und Teutonen. Marius.

58—50 Caesar als Proconsul in Gallien. Ariovist der Sueve. Die Usipeten und Tenchtherer; Caesar geht über den Rhein.

12—9 Drusus Feldzüge in Deutschland. Römische Heerstrafsen und Castelle. — Tiberius arglistige Politik. Römische Statthalter in Germanien. Marbod gründet das Reich der Markomannen in Böhmen.

9 n. Ch. Arminius schlägt den Varus und die römischen Legionen im Teutoburger Walde.

14—16 Germanicus Feldzüge in Deutschland. Bund der Cherusken mit den Chatten Marsen Bructerern.

19 Kampf zwischen Marbod und Arminius († 21).

69—70 Aufstand der Bataven unter Claudius Civilis.

166—180 der Markomannenbund im Kriege mit M. Aurelius.

200 die Alemannen dringen an den Oberrhein vor, die Gothen an die Niederdonau und den Pontus.

240 die Franken nördlich vom Main an den Rheinufern.

260 Raubfahrten der Gothen im Pontus und Archipel.

270—275 Aurelianus, Wiederhersteller des Reichs. Dacien wird den Gothen eingeräumt.

276—282 Probus. Militärcolonien am Rhein und an der Donau.

284—305 Diocletianus theilt die Verwaltung des Kaiserthums. Die Sachsen mächtig auf der Nordsee.

325 erstes allgemeines Concil zu Nicaea. Constantin der grofse, Schutzherr der christlichen Kirche.

356—360 Julianus schlägt Franken und Alemannen aus Gallien zurück. — Das (arianische) Christenthum bei den Gothen.

375 die Völkerwanderung. Einfall der Hunnen. — Sieg des Christenthums über das Heidenthum.

---

1. Von der Völkerwanderung bis auf Kaiser Karls des grofsen Tod 375—814.

375 Einfall der Hunnen in Europa: Anfang der Völkerwanderung. Alanen und Ostgothen unterwerfen sich den Hunnen.

378 die Westgothen gehen auf das römische Donauufer über. Schlacht bei Adrianopel. Kaiser Valens †. Theodosius der grofse erhält das Reich.

395 Theodosius theilt das römische Reich unter seine Söhne: Arcadius im O., Honorius im W. Der Vandale Stilicho.

396 Alarich, König der Westgothen, plündert Griechenland.

405 Einfall des Radagais mit gothischen Scharen in Italien.

406 Vandalen, Alanen und Sueven dringen über den Rhein vor.

410 Rom wird von Alarich erobert. Alarich † bei Cosenza in Calabrien.

412 das Westgothenreich in Süd-Gallien und Spanien. — Reiche der Vandalen, Alanen und Sueven in Spanien. — Burgunder in Worms. Franken am Niederrhein. Friesen und Sachsen, Hessen und Thüringer, Baiern und Alemannen.

429 Genserich führt die Vandalen nach Afrika. Karthago Hauptstadt des Vandalenreichs (seit 439).

444—454 Attila (Etzel, die Gottesgeisel) König der Hunnen. — Leo I der grofse, Bischof von Rom.

451 Attilas Zug gen Gallien. Der römische Feldherr Aëtius und die Westgothen siegen in der Hunnenschlacht bei Chalons an der Marne. König Theodorich †.

Angeln und Sachsen in Britannien. Burgunder am Jura.

454 † Attila in Pannonien. Das Reich der Hunnen zerfällt.

455 Genserich und die Vandalen plündern Rom.

476 Ende des römischen Kaiserthums im Abendlande. Der Heerkönig Odovakar wird Herr von Italien.

481—511 Chlodwig der Merowing, König der Franken.

486 Schlacht bei Soissons: Chlodwig besiegt den Römer Syagrius und stiftet das Frankenreich in Gallien.

489—493 der Ostgothenkönig Theodorich der grofse erobert Italien (Dietrich von Bern).

496 Chlodwig schlägt die Alemannen und wird Christ; die Franken bekennen sich zur römischen Kirche.

507 Niederlage und Tod des Westgothenkönigs Alarich 2 bei Poitiers. Chlodwig gewinnt das Land zwischen Loire und Garonne.

511 † Chlodwig. Das Frankenreich unter Chlodwigs Söhne getheilt: Austrasien, Neustrien.

526 † der Ostgothenkönig Theodorich der grofse.

527—565 Justinian 1, römischer Kaiser (Corpus juris).

530 Hermanfried †, der letzte König der Thüringer. Thüringen fränkisch. — Der Perserkönig Chosru 1.

534 Justinians Feldherr Belisar zerstört das Vandalenreich. — Burgund von Chlodwigs Söhnen erobert.

535—555 Kriege Justinians mit den Ostgothen. Belisar. Narses. Italien Provinz des oströmischen Reiches.

568 Alboin, König der Langobarden, erobert Norditalien. — Die Avaren im Donautieflande. Vordringen der Slaven.

Streit der fränkischen Königinnen Brunhilde von Austrasien und Fredegunde von Neustrien.

600 Pabst Gregor 1 der grofse. Sieg der katholischen Kirche über den Arianismus. Bekehrung der Angelsachsen. — Macht der fränkischen Hausmeier (Majores domus).

622 Mohammeds Flucht von Mekka nach Medina (die Hedschra).

632 † Mohammed (der Prophet). — Die Araber erobern Syrien, Ägypten, Persien, Nord-Afrika. Damaskus Sitz der Chalifen aus dem Hause der Ommajjaden (661 — 750).

687 Pippin der mittlere, Herzog und Fürst aller Franken.

711 Niederlage der Westgothen bei Xeres de la Frontera; Spanien wird von den Arabern erobert. Tarik. Musa.

732 Karl Martell schlägt die Saracenen bei Tours († 741). — Winfried (Bonifacius) Apostel der Deutschen. Kriege mit den heidnischen Friesen.

752 Pippin der kleine (der Karolinger) König der Franken.

755 Pippin nimmt den Langobarden Ravenna und die Pentapolis und übergibt diese Gebiete dem Pabste.

Bonifacius wird von den Friesen erschlagen.

Chalif Almansur der Abbaside gründet Bagdad. Abdorrahman der Ommajjade stiftet das Chalifat von Cordova.

768—814 Karl der grofse, König der Franken. Sein Bruder Karlmann † 771.

772 Kriege mit den heidnischen Sachsen —804.

774 Desiderius der letzte König der Langobarden. Karl wird König von Italien. P. Hadrian 1.

778 König Karl zieht über die Pyrenäen (Roland). — Die spanische Mark gegen die Araber.

785 der Sachsenherzog Wittekind empfängt die Taufe.

788 der Baiernherzog Tassilo wird ins Kloster geschickt.

791—796 Besiegung der Avaren jenseit der Ens. Die Mark Österreich.

800 25 Dec. Karl der grofse römischer Kaiser. P. Leo 3. — Chalif Harun ar Raschid zu Bagdad (786—809).

804 Ende der Sachsenkriege. — Dänenzüge.

814 28 Jan. † Kaiser Karl zu Aachen. Das Frankenreich erstreckt sich von der Eider bis über die Tiber, vom Ebro bis ins Donautiefland.

2. Von der Auflösung des Frankenreichs bis auf Pabst Gregor 7, 814—1073.

814—840 Kaiser Ludwig der fromme. Theilungen des Reichs: die Kaiserin Judith und ihr Sohn Karl.

833 Ludwig und seine Söhne (Lothar Pippin Ludwig) auf dem Lügenfelde bei Colmar.

840 † Ludwig der fromme im Kriege mit seinem Sohne Ludwig. Erbtheilungskrieg der königlichen Brüder.

843 Theilungsvertrag zu Verdun; Kaiser Lothar erhält Italien Burgund Mittelfranken und Friesland (Rom und Aachen), König Ludwig der deutsche Ostfranken, König Karl der kahle Westfranken.

871—901 Alfred der grofse, König von England. Die Raubfahrten der Normannen. Rurik der Russe.

875 das Kaiserhaus der Lotharinger stirbt aus (P. Nicolaus 1).

876 † Ludwig der deutsche. Seine Söhne Karlmann († 880), Ludwig der jüngere († 882), Karl der dicke.

877 † Kaiser Karl der kahle.

884 Kaiser Karl der dicke vereinigt das ganze Frankenreich; wird 887 abgesetzt († 888). — Die Königreiche Hoch- und Niederburgund.

887—899 Kaiser Arnulf (von Kärnthen), schlägt die Normannen bei Löwen (891). Kriege mit Suatopluk von Mähren; Hilfe der Magyaren.

899—911 Ludwig das Kind, der letzte Karolinger in Deutschland. Die Babenberger Fehde; Erzbischof Hatto von Mainz. Raubzüge der Magyaren. — Karl der einfältige, König der Westfranken. Herzogthum Normandie.

911—918 Konrad 1 von Franken. Lothringen tritt zu den Westfranken über. Macht der Sachsenherzoge.

919—1024 die sächsischen Kaiser.

919—936 König Heinrich 1 der Sachse, begründet die Einheit des deutschen Reichs. Lothringen, die Mark Schleswig, die wendischen Marken (Meissen 929) und Böhmen. Städtebau. Ritterthum.

933 Heinrich schlägt die Ungarn [bei Merseburg].

936—973 Otto 1 der grofse. Seine Mutter Mathilde.

Blutige Kriege mit den Wenden; Hermann Billing (Herzog der Sachsen) und Markgraf Gero. Ausbreitung des Christenthums. Züge nach Jütland gegen die heidnischen Dänen.

939 Eberhard von Franken, Giselbert von Lothringen und des Königs Bruder Heinrich (später Herzog der Baiern) empören sich. — Züge in das karolingische Frankreich.

951 Otto 1 wird König von Italien und heiratet die verwittwete Königin Adelheid.

Ottos Sohn Ludolf von Schwaben und Schwiegersohn Konrad der rothe von Franken, Herzog von Lothringen, empören sich. Ottos Bruder Brun, Erzbischof von Cöln.

955 die Ungarnschlacht auf dem Lechfelde bei Augsburg. Herzog Konrad †. Die Mark Österreich wird hergestellt.

962 Otto 1 wird zu Rom als Kaiser gekrönt: das heilige römische Reich deutscher Nation.

965 † Markgraf Gero. Theilung der Marken: Meissen, die Ostmark (Lausitz) und die Nordmark. Miesco von Polen wird Christ und Lehnsmann des Reichs. Erzbisthum Magdeburg.

966 Ottos dritter Römerzug. K. Otto 2 mit der griechischen Kaisertochter Theophano vermählt.

973—983 Kaiser Otto 2 der rothe.

978 König Lothar der Karolinger in Aachen, Kaiser Otto vor Paris.

982 Niederlage des Reichsheeres vor den Arabern in Calabrien. Otto 2 † zu Rom 983.

983—1002 Otto 3 (3 Jahre alt). Erzbischof Willigis von Mainz. Ottos Lehrer Gerbert (P. Silvester 2) und Bischof Bernward von Hildesheim.

987 Absterben der westfränkischen Karolinger. Hugo Capet; das französische Königshaus der Capetinger (—1328).

996. 998 Römerfahrten Kaiser Ottos 3. Crescentius †.

1000 Ottos 3 Pilgerfahrt nach Gnesen und nach Aachen. — Stephan der heilige König von Ungarn.

1002 Otto 3 † in Italien unvermählt. Streit um die Krone. Markgraf Eckard von Meissen wird ermordet.

1002—1024 Kaiser Heinrich 2 der heilige, erzwingt seine Anerkennung in Deutschland und Italien. Macht des Polenkönigs Boleslav des kühnen. Das Bisthum Bamberg.

1024—1125 das fränkische Kaiserhaus.

1024—1039 Konrad 2 (der Salier). Sein Stiefsohn Herzog Ernst von Schwaben († 1030).

1027 Konrad 2 als Kaiser gekrönt; überläfst die Mark Schleswig an König Knud von Dänemark und England. Herrschaft der Normannen in Unteritalien.

1032 das Königreich Burgund kommt an das Reich.

1037 zweiter Römerzug gegen Erzbischof Aribert von Mailand. Die Lehen erblich. — Der Gottesfriede (treuga Dei).

1039—1056 Heinrich 3 der schwarze. Ungarnkriege.

1046 Synode zu Sutri; Kaiser Heinrich 3 stellt die Würde des römischen Pabstthums wieder her. Willkürliche Verfügungen über die Herzogthümer.

1056—1106 Heinrich 4 (6jährig). Seine Mutter Agnes von Poitou. Die Erzbischöfe Anno von Köln und Adalbert von Bremen. — Rudolf von Rheinfelden Herzog der Schwaben, Berthold von Zähringen H. von Kärnthen, Otto von Northeim H. der Baiern.

1066 der Normannenherzog Wilhelm der Eroberer wird König von England durch die Schlacht bei Hastings.

1073 Aufstand der Sachsen. Herzog Magnus. Otto von Northeim. — Pabst Gregor 7 (Hildebrand).

3. Von Pabst Gregor 7 bis auf König Rudolf von Habsburg (die Zeit der Kreuzzüge) 1073—1273.

1073—1085 P. Gregor 7. Verbot der Simonie, der Priesterehe und der Investitur durch weltliche Hand.

1075 Heinrich 4 schlägt die Sachsen. Streit mit dem Pabste.

1077 des gebannten Königs Bufsfahrt nach Canossa. Die Markgräfin Mathilde von Tuscien. — Rudolf von Schwaben, Gegenkönig; fällt an der Elster (1080). Friedrich von Staufen Herzog von Schwaben. Hermann von Salm-Luxemburg, Gegenkönig 1081—1088.

1084 Heinrich 4 in Rom, von dem Gegenpabste Clemens 3 als Kaiser gekrönt. Robert Guiscard, Herzog von Apulien.

1093 König Konrad empört sich in Italien gegen seinen Vater.

1096—1099 erster Kreuzzug: Peter von Amiens, P. Urban 2. Gottfried von Bouillon, Balduin; Raimund von Toulouse; die Normannen Herzog Robert, Boëmund von Tarent, Tancred von Brindisi. — Die Seldschuken.

1099 Jerusalem wird von den Kreuzfahrern erstürmt. Königreich Jerusalem, Fürstenthum Antiochien, Grafschaft Edessa.

1106 † Heinrich 4 im Kriege mit seinem Sohne Heinrich.

1106—1125 Kaiser Heinrich 5. Investiturstreit mit P. Paschalis 2. — Die Erbschaft der Gräfin Mathilde. — Kriege mit den deutschen Fürsten; Erzbischof Adalbert von Mainz.

1118 geistliche Ritterorden der Johanniter und der Templer.

1122 Concordat von Worms. P. Calixtus 2.

1125—1137 Lothar der Sachse.

Zehnjähriger Krieg mit den Staufern Friedrich von Schwaben und Konrad in Franken. Der Welfe Heinrich der stolze, Herzog von Baiern, erhält die Erbfolge im Herzogthum Sachsen. — Roger, König von Sicilien.

1130 Konrad von Wettin, Markgraf von Meissen.

1133 Kaiser Lothar nimmt die mathildischen Güter von P. Innocenz 2 zu Lehen.

1137 † Lothar auf der Rückkehr vom zweiten Römerzuge.

1138—1254 das schwäbische Kaiserhaus der Staufer.

1138—1252 Konrad 3 (von Franken). — Heinrich der stolze wird geächtet, † 1139 (Guelfen und Ghibellinen).

1142 der Welfe Heinrich der Löwe erhält das Herzogthum Sachsen zurück. Albrecht der Bär (von Askanien), Markgraf von Brandenburg.

1147—1149 zweiter Kreuzzug: Bernhard Abt von Clairvaux. Die Könige Konrad 3 und Ludwig 7 von Frankreich. Vergebliche Belagerung von Damaskus.

1152—1190 Kaiser Friedrich 1 Barbarossa (von Schwaben).

1155 Friedrich wird von P. Hadrian 4 als Kaiser gekrönt.

1156 Heinrich der Löwe erhält auch Baiern zurück. Österreich wird reichsunmittelbares Herzogthum.

1158—1162 zweite Heerfahrt des Kaisers nach Italien. Das trotzige Mailand. Roncalische Beschlüsse nach römischem Kaiserrechte.

1159 neuer Aufstand der Mailänder. Streitige Pabstwahl. P. Alexander 3 (—1181) bannt den Kaiser.

1162 Mailand wird zerstört. Höchste Macht des Kaisers.

1167—1177 Krieg mit dem lombardischen Städtebunde.

1176 Niederlage des Kaisers bei Legnano. Heinrich der Löwe in Zwiespalt mit dem Kaiser.

1177 Friede zu Venedig mit P. Alexander 3. Waffenstillstand mit den Lombarden (1183 Friede zu Constanz).

1180 Heinrich der Löwe geächtet: Baiern an Otto von Wittelsbach, Sachsen zertheilt (Bernhard von Askanien).

1187 Sultan Saladin von Ägypten erobert Jerusalem.

1189—1192 dritter Kreuzzug. Friedrich Barbarossa. Philipp 2 August von Frankreich; Richard Löwenherz von England.

1190 Kaiser Friedrich 1 † im Flusse Kalykadnus.
Orden der deutschen Ritter. Belagerung und Einnahme von Akka. Königreich Cypern (—1489).

1190—1197 Kaiser Heinrich 6, Erbe von Apulien und Sicilien.

1194 Richard Löwenherz aus der kaiserlichen Haft gelöst. Aussöhnung Heinrichs des Löwen († 1195) mit dem staufischen Hause. Heinrich 6 ergreift Besitz von Sicilien.

1198—1216 Innocenz 3, der mächtigste Pabst im Mittelalter.

1198 zehnjähriger Krieg um die deutsche Krone: der Staufer Philipp von Schwaben, der Welfe Otto 4.

1204 Constantinopel wird von den Venetianern und dem Kreuzheere erobert. Lateinisches Kaiserthum (— 1261). — Dschingis-khan der Mongole.

1208 König Philipp wird ermordet von Otto von Wittelsbach.
Albigenserkriege in Südfrankreich (— 1229). Bettelorden der Franciscaner und Dominikaner.

1210 Kaiser Otto 4 in Italien; wird von P. Innocenz 3 gebannt.

1212 Friedrich v. Sicilien kommt als Gegenkönig nach Deutschland.

1215 Friedrich 2 wird zu Aachen gekrönt (Otto 4 † 1218).
Johann ohne Land, König von England, ertheilt die Magna Charta.

1220 Friedrich 2 wird von P. Honorius 3 als Kaiser gekrönt.

1227 König Waldemar 2 von Dänemark (der Sieger) wird von den Niedersachsen bei Bornhöved geschlagen.
Der deutsche Orden in Preufsen. Hermann von Salza.

1228—1229 vierter Kreuzzug. K. Friedrich 2, im Banne Gregors 9, krönt sich selbst als König von Jerusalem.

1235 König Heinrich als Empörer verhaftet. Letzter Reichstag Friedrichs 2 zu Mainz; Landfriede. Die Welfen empfangen das Herzogthum Braunschweig-Lüneburg als Reichslehen.

1236—1250 lombardischer Krieg. Ezzelino von Romano. König Enzio von Sardinien.

1237 Sieg des Kaisers bei Cortenuova.

1239 päbstlicher Bann wider den Kaiser. P. Gregor 9 † 1241.

1241 Mongolenschlacht auf der Wablstatt bei Liegnitz.

1245 Kirchenversammlung zu Lyon. P. Innocenz 4 verhängt Bann und Absetzung über den Kaiser.

1246 Pfaffenkönige in Deutschland (Heinrich Raspe von Thüringen † 1247; Wilhelm von Holland † 1256).
Herzog Friedrich der streitbare von Österreich †, der letzte Babenberger. — Heinrich der erlauchte von Meissen wird Landgraf von Thüringen.

1248 Niederlage der Kaiserlichen bei Vittoria. — König Enzio in ewiger Gefangenschaft bei den Bolognesen.

1248—1254 fünfter Kreuzzug: K. Ludwig 9 (der heilige) von Frankreich gefangener der Mamluken in Ägypten.

1250 † Friedrich 2. Seine Söhne König Konrad 4 und Manfred.

1254 † K. Konrad 4 und P. Innocenz 4.

1256 König Wilhelm †. — Das grofse Zwischenreich. Die römischen Könige Richard von Cornwall und Alfons (10) von Castilien. König Ottokar von Böhmen.

1266 König Manfred † in der Schlacht bei Benevent. Karl von Anjou, König von Neapel und Sicilien. P. Clemens 4.

1268 Schlacht bei Tagliacozzo: Conradin der letzte Staufer wird zu Neapel enthauptet.

1270 Ludwigs 9 zweiter Kreuzzug und Tod vor Tunis.

1273 Wahl Rudolfs von Habsburg. Ende des Zwischenreichs.

4. Von König Rudolf von Habsburg bis auf die Reformation der Kirche 1273—1517.

1273—1291 König Rudolf 1; stellt den Landfrieden her.

1278 Niederlage und Tod König Ottokars von Böhmen auf dem Marchfelde. Das Herzogthum Österreich kommt an das Haus Habsburg.

1282 die sicilianische Vesper. Sicilien fällt Aragon zu.

1291 Akka von den Mamluken erobert. Ende der Kreuzfahrten. König Rudolf †. Ewiger Bund der Waldstätte.

1292—1298 König Adolf, Graf von Nassau. Streit um Meissen und Thüringen: Albrecht der unartige und seine Söhne.

1298 Adolf † bei Göllheim im Kampfe mit dem Gegenkönige Albrecht, Herzoge von Österreich.

1298—1308 König Albrecht 1. Meissnisch-thüringischer Krieg (Friedrich der freudige); böhmischer Thronstreit.

1303 P. Bonifacius 8 wird im Streite mit Philipp 4 dem schönen von Frankreich mifshandelt.

1305 Clemens 5 verlegt den päbstlichen Sitz nach Avignon (—1378).

1308 K. Albrecht wird durch seinen Neffen Johann von Schwaben ermordet.

1308—1313 Kaiser Heinrich 7, Graf von Luxemburg. — Sein Sohn Johann König von Böhmen.

1309 der deutsche Hochmeister nimmt seinen Sitz zu Marienburg. Die Johanniter auf Rhodos (—1522). — Philipp 4 von Frankreich verfolgt die Tempelherrn; P. Clemens 5 hebt den Orden auf (1312). Der letzte Grofsmeister Jac. v. Molay wird zu Paris verbrannt (1314).

1313 Heinrich 7 † auf seinem Römerzuge.

1314—1347 {Kaiser Ludwig, Herzog von Baiern.

1314—1330 {König Friedrich der schöne, H. v. Österreich.

1315 Schlacht am Morgarten: die Schweizer Eidgenossen schlagen Herzog Leopold von Österreich und erneuern ihren Bund.

1322 Schlacht bei Mühldorf: Friedrich gefangener Ludwigs. — K. Ludwig von Pabst Johann 22 gebannt.

1328 Haus Valois in Frankreich (—1589). K. Philipp 6. — Erbfolgekrieg mit den Königen von England.

1338 Kurverein zu Rense: 'die Kaiserwahl unabhängig von päbstlicher Bestätigung'.

1346 Karl von Böhmen als Gegenkönig erwählt.
K. Eduard 3 von England siegt über die Franzosen bei Cressy; der schwarze Prinz. K. Johann von Böhmen †.

1347 † Kaiser Ludwig. Karl 4 von Böhmen — 1378.
1348 Stiftung der Universität Prag, der ersten in Deutschland.
1349 Günther von Schwarzburg Gegenkönig. Der schwarze Tod.
1356 die goldne Bulle ordnet das Wahlrecht der Kurfürsten.
1361 Adrianopel wird von den osmanischen Türken erobert.
1378—1415 die Kirchenspaltung; Päbste zu Rom und zu Avignon.
1378—1400 Wenzel von Böhmen. — Sein Bruder Sigismund, Markgraf von Brandenburg, König von Ungarn.
Unfug des Faustrechts: Fürsten- und Herrenvereine, Städtebünde. Die heilige Vehme. Herrschaft der deutschen Hanse auf den nördlichen Meeren.
1386 Sieg der Schweizer Eidgenofsen bei Sempach über Herzog Leopold von Österreich und die Ritterschaft. Leopold †.
Wladislav Jagiello von Litthauen wird König von Polen. Die Jagellonen — 1572.
1388 Schlacht bei Döffingen. Graf Eberhard der Greiner von Wirtemberg siegt über den oberdeutschen Städtebund.
1397 die kalmarische Union der drei skandinavischen Reiche.
1400 Wenzel von den Kurfürsten der deutschen Krone entsetzt. König Ruprecht Clem (von der Pfalz) — 1410.
1402 Schlacht bei Angora: Sultan Bajazet 1 (der Blitz) gefangener des Tataren Timur (Tamerlan).
1409 Concil zu Pisa: drei Päbste. — Universität Leipzig.
1410 drei Könige: Wenzel, Sigismund, Jost von Mähren († 1411).
1410—1437 Kaiser Sigismund, König von Ungarn.
1414—1418 Kirchenversammlung zu Constanz (Pabst Johann 23). Ende der Kirchenspaltung.
1415 Jo. Huss wird verbrannt. — Sigismund überläfst die Mark Brandenburg an Friedrich Burggrafen von Nürnberg.
Heinrich 5 von England schlägt die Franzosen bei Azincourt.
Entdeckungsfahrten der Portugiesen an der Küste von Africa. Prinz Heinrich der Seefahrer.
1419 † König Wenzel. Der Hussitenkrieg — 1434. Der blinde Johann Zizka † 1424. Procop der grofse und der kleine.
1423 Markgraf Friedrich der streitbare von Meissen (aus dem Hause Wettin) empfängt die sächsische Kurwürde.
1429 Johanna Darc, die Jungfrau von Orleans († 1431).
1431—1443 (1449) Kirchenversammlung zu Basel.
1433 Baseler Compactaten mit den Hussiten.
1437 † Sigismund, der letzte Luxemburger.

1438—1439 König Albrecht 2 von Österreich (Ungarn u. Böhmen). Das habsburgische Kaiserhaus — 1806.

1440—1493 Kaiser Friedrich 3, Erzherzog von Österreich.

1444 Niederlage und Tod des Königs Wladislav von Polen und Ungarn bei Varna vor dem Sultan Amurath 2.

1449—1456 der Nürnberger Krieg; die Städte siegreich.

1450 Johann Gutenberg erfindet die Buchdruckerkunst.

1453 Constantinopel von dem Osmanensultan Mohammed 2 erobert. Ende des byzantinischen Kaiserthums.

1455 sächsischer Prinzenraub; Ernst und Albrecht der beherzte.

1458 Georg Podiebrad König von Böhmen († 1471); Matthias Corvinus König von Ungarn († 1490).

1466 Thorner Friede: der deutsche Orden tritt Westpreufsen an Polen ab und trägt Ostpreufsen zu Lehen.

1476 Karl der kühne, Herzog von Burgund, wird von den Schweizern bei Granson und bei Murten geschlagen.

1477 Karl der kühne † vor Nancy. Seine Erbtochter Maria mit Maximilian von Österreich vermählt. König Ludwig 11 von Frankreich († 1483).

1487 Bartholomäus Diaz umfährt das Cap der guten Hoffnung.

1492 Christoph Columbus entdeckt Amerika. Isabella von Castilien, Ferdinand der katholische von Aragon. Ende des Maurenreichs von Granada. Spanische Inquisition.

1493—1519 Kaiser Maximilian 1 'der letzte Ritter'.

1495 Reichstag zu Worms: ewiger Landfriede. Ende des Faustrechts. Reichskammergericht.
Anfang der italienischen Kriege. Die Schweizer und die deutschen Landsknechte. Pabst Alexander 6 (Borgia).

1498 Vasco da Gama entdeckt den Seeweg nach Ostindien. Manuel der grofse, König von Portugal.

1504 das Königreich Neapel von den Spaniern erobert.

1508 die Liga von Cambray gegen die Republik Venedig. Pabst Julius 2 richtet den Kirchenstaat auf.

1509 Heinrich 8 König von England (— 1547). Cardinal Wolsey.

1512 Schlacht bei Ravenna; Gaston de Foix †. Die Franzosen werden durch die heilige Liga aus Italien vertrieben.

1515 Franz 1 König von Frankreich (— 1547).
Schlacht bei Marignano: Mailand für Frankreich erobert.

1516 Karl (5) von Österreich, Herzog von Burgund, wird König von Spanien († 1558).

1517 Anfang der lutherischen Kirchenreformation.

III. DIE NEUERE GESCHICHTE 1517–1789.

1. *Von der Reformation* 1517 *bis auf den westfälischen Frieden* 1648 *und die Selbstregierung Ludwigs* 14, 1661.
2. *Bis auf den Tod Friedrichs des grofsen* 1786 *und die französische Revolution* 1789.

1. Von der Reformation 1517 bis auf den westfälischen Frieden 1648 und die Selbstregierung Ludwigs 14, 1661.

1517 31 Oct. D. Martin Luthers Thesen gegen den Ablafshandel. P. Leo 10. Kurfürst Friedrich der weise von Sachsen († 1525).

1519 † K. Max; sein Enkel Karl 5 wird Kaiser. Übermacht der spanischen Monarchie. — Ferdinand Cortez in Mexico. Ulrich Zwingli Reformator zu Zürich.

1521 Luther vor dem Reichstage zu Worms (18 April). Anfang der grofsen italienisch-burgundischen Kriege. Sultan Suleiman 2 erobert Belgrad und Rhodos. Gustav Wasa befreit Schweden von den Dänen.

1523 Franz von Sickingen und Ulrich von Hutten †.

1525 Schlacht bei Pavia. König Franz 1 gefangen. Bauernkrieg in Deutschland. Thomas Münzer. Herzogthum Preufsen unter Albrecht von Brandenburg.

1526 Niederlage der Ungarn vor den Türken bei Mohácz. Ferdinand v. Österreich wird König von Böhmen und Ungarn.

1527 Rom von den Kaiserlichen erstürmt; Karl von Bourbon †. P. Clemens 7 gefangen. — Andr. Doria, Doge von Genua.

1529 die Lutheraner protestieren auf dem Reichstage zu Speier gegen die Beschlüfse der Mehrheit (19 April). Sultan Suleiman belagert Wien.

1530 Reichstag zu Augsburg: augsburgische Confession der Protestanten (25 Juni). Philipp Melanchthon. Kurfürst Johann der beständige von Sachsen († 1532).

1531 Schmalkaldischer Bund. — Zwingli † bei Cappel (11 Oct.) Franz Pizarro erobert Peru.

1534 die Bürgermeisterfehde. Georg Wullenweber von Lübeck.

1535 die Wiedertäufer in Münster. — Karl 5 erobert Tunis. Heinrich 8 Oberhaupt der englischen Kirche.

1540 der Jesuitenorden gestiftet von Ignatius Loyola.

1541 Karl 5 vor Algier. — Jo. Calvin, Reformator zu Genf.

1544 Karl 5 mit dem Reichsheere in Frankreich. Friede zu Crespy.

1545 das Tridentiner Concil wird eröffnet.

1546 † Luther. Schmalkaldischer Krieg. Kurfürst Johann Friedrich der grofsmüthige von Sachsen. Landgraf Philipp von Hessen. — Herzog Moriz von Sachsen.

1547 † Heinrich 8 u. Franz 1. — Höhestand der osmanischen Macht. Schlacht bei Mühlberg. Kurfürst Jo. Friedrich gefangen.

1552 Kurfürst Moriz erzwingt den Passauer Vertrag († 1553). Heinrich 2 von Frankreich besetzt Metz Toul und Verdun.

1555 Augsburger Religionsfriede. Geistlicher Vorbehalt.

1556 Karl 5 legt die Regierung nieder. König Philipp 2 erbt die spanischen und die burgundischen Lande (— 1598).

1558 Kaiser Ferdinand 1 (— 1564). Karl 5 † im Kloster Yust. Elisabeth, Königin von England (— 1603).

1559 Friede zu Chateau-Cambresis: Ende der italienisch-burgundischen Kriege zwischen Spanien und Frankreich.
Heinrich 2 von Frankreich †. Seine Wittwe Katharina Medici und deren Söhne Franz 2 — 1560 (Gemahl der Maria Stuart), Karl 9 — 1574, Heinrich 3 — 1589. Die Guisen und Bourbonen. Hugenottenkriege.

1563 Schlufs des Tridentiner Concils. Gegenreformationen.

1564 † Calvin. Kaiser Maximilian 2 — 1576. Seine fürstlichen Freunde August von Sachsen, Christoph von Wirtemberg, Friedrich 3 von der Pfalz.

1565 die Johanniter vertheidigen Malta gegen die Türken. Der Grofsmeister la Valette.

1566 † Sultan Suleiman 2 vor Szigeth. Zriny.

1568 Egmont und Hoorn †. Herzog von Alba, spanischer Statthalter in den Niederlanden. — Don Carlos †.
Königin Maria Stuart v. Schottland als gefangene in England.

1571 Niederlage der Türken in der Seeschlacht bei Lepanto. Don Johann von Österreich († 1578).

1572 24 Aug. Pariser Bluthochzeit. Coligny †. — Aufstand der Niederlande. Wilhelm von Oranien. — Polen Wahlreich.

1576—1612 Kaiser Rudolf 2.

1579 Utrechter Union der nördlichen Niederlande. Wilhelm von Oranien Statthalter. Alexander von Parma.

Heinrich von Guise und die heilige Ligue. König Heinrich 3. Heinrich von Navarra und die Hugenotten.

1581 Philipp 2 ergreift Besitz von Portugal. — Die Vereinigten Niederlande sagen sich von Spanien los.

1584 Wilhelm von Oranien wird ermordet. Sein Sohn Moriz.

1587 die Königin Maria Stuart wird hingerichtet.

1588 die spanische Armada geht an den britischen Küsten zu Grunde. P. Sixtus 5 (1585—1590).

1589 Heinrich 3, der letzte Valois, wird ermordet. Der Bourbone Heinrich 4, König von Frankreich (—1610). Sully.

1598 † Philipp 2. — Edict von Nantes zum Schutze der Hugenotten.

1602 die holländisch-ostindische Compagnie. Seemacht der Niederländer.

1603 † Elisabeth von England. Jacob 1 Stuart, König von Grofsbritannien (—1625).

1610 Heinrich 4 ermordet. Ludwig 13, König von Frankreich.

1612 † K. Rudolf 2. Sein Bruder Kaiser Matthias — 1619.

1618—1648 der dreifsigjährige Krieg.

1618—1620 der böhmische Krieg.

1619 Kaiser Ferdinand 2 (—1637). 'Sohn der Jesuiten'. Die Böhmen wählen den reformirten Kurf. Friedrich 5 v. d. Pfalz zum Könige. · Die katholische Liga unter Maximilian von Baiern gegen die protestantische Union.

1620 Schlacht am weifsen Berge bei Prag; Tilly. Böhmen österreichisches Erbland und katholisch.

1620—1624 der Krieg um die Pfalz: die Spanier und Tilly. — Ernst von Mansfeld. Christian von Braunschweig. Georg Friedrich von Baden. — Maximilian wird als Kurfürst belehnt. Tilly rückt nach Westfalen vor.

1624—1642 Cardinal Richelieu, Minister Ludwigs 13, stürzt die Übermacht des Hauses Habsburg in Europa.

1625 Karl 1, König von England († 1649).

1625—1629 niedersächsisch-dänischer Krieg. König Christian 4 von Dänemark. Albrecht von Wallenstein (Herzog von Friedland) kaiserlicher Generalissimus.

1626 † Christian von Braunschweig und Mansfeld. Tilly siegt über Christian 4 bei Lutter am Barenberge.

1628 Wallenstein (Herzog von Meklenburg) belagert Stralsund.

1629 kaiserliches Restitutionsedict gegen die Protestanten.
Lübecker Friede des Kaisers mit König Christian 4.

1630 Reichstag zu Regensburg: Wallenstein entlassen. — Letzter Hansetag: Verfall der deutschen Städte.

1630—1635 schwedisch-deutscher Krieg. Gustav Adolf, König v. Schweden, Schutzherr der deutschen Protestanten.

1631 Brand Magdeburgs. Tilly. Pappenheim. — Georg Wilhelm von Brandenburg und Johann Georg von Sachsen verbünden sich mit Gustav Adolf.
7/17 Sept. Schlacht bei Breitenfeld. Tilly geschlagen.

1632 Tilly † am Lech. Wallenstein und Gustav Adolf lagern bei Nürnberg.
6/16 Nov. Schlacht bei Lützen: Gustav Adolf †. Pappenheim †. Wallensteins Rückzug nach Böhmen.

1634 Wallensteins Tod zu Eger. — Sieg der Kaiserlichen bei Nördlingen über Bernhard von Sachsen-Weimar und den Schweden Horn.

1635 Prager Friede des Kaisers mit Kursachsen; die Lausitzen sächsisch; Brandenburg u. a. Reichstände treten dem Frieden bei.

1635—1648 schwedisch-französischer Eroberungskrieg. Axel Oxenstjerna. Richelieu.

1637 † Ferdinand 2. Kaiser Ferdinand 3 (—1657). — Das herzogliche Haus von Pommern stirbt aus.

1639 Bernhard von Weimar † am Oberrhein. Condé. Turenne. — Banér, schwedischer Oberfeldherr († 1641).

1640 Friedrich Wilhelm v. Brandenburg, der grofse Kurfürst (—1688). — Portugal reifst sich von Spanien los.
Das lange Parlament; englische Revolution.

1642 † Richelieu. — Piccolomini wird bei Leipzig von dem Schweden Torstenson geschlagen.

1643—1715 Ludwig 14 (5 Jahre alt) König von Frankreich. Cardinal Mazarin.

1645 Sieg Torstensons bei Jankau in Böhmen.
Karl 1 von England wird bei Naseby von dem Parlamentsheere besiegt.

1648 westfälischer Friede zu Münster und Osnabrück.
Lutheranern und Reformierten wird freie Religionsübung im ganzen Reiche zugesichert (1624 Normaljahr). Die Schweiz und die Niederlande werden als unabhängige Freistaaten anerkannt. Frankreich erhält den österreichischen Elsafs, Schweden Vorpommern und Rügen, Wismar, Herzogthum Bremen und Verden.

1649 König Karl 1 wird enthauptet; Republik Grofsbritannien. Oliver Cromwell, Protector 1653 — 1658. — Englische Navigationsacte (1651; aufgehoben 1849).

1654 Christine von Schweden verzichtet auf die Krone und wird katholisch. Karl 10 Gustav (von Pfalz-Zweibrücken).

1655—1660 nordischer Krieg Karls 10 Gustav gegen Polen und Dänemark. Höhestand der schwedischen Macht.

1659 pyrenäischer Friede zwischen Spanien und Frankreich.

1660 Restauration der Stuarts in England. Monk. K. Karl 2. — Karl 10 Gustav †. Friedenschlüfse zu Oliva und Kopenhagen. Das Herzogthum Preufsen souverän.

1661 † Mazarin. Ludwig 14 Selbstherrscher.

2. Bis auf den Tod Friedrichs des grofsen 1786 und die französische Revolution 1789.

1661 Ludwig 14 Selbstherrscher. Colbert († 1683). Louvois.

1663 ständiger Reichstag zu Regensburg (—1806). Kaiser Leopold 1 (1658—1705).

1667—68 erster (Devolutions-) Krieg Ludwigs 14 gegen die spanischen Niederlande. Tripelallianz von Holland (Jan de Witt), England, Schweden. Aachener Friede.

1672—1678 zweiter Krieg Ludwigs 14 gegen die vereinigten Niederlande (Spanien und Deutschland). Wilhelm 3 von Oranien Erbstatthalter.

1675 der grofse Kurfürst Friedrich Wilhelm von Brandenburg schlägt die Schweden bei Fehrbellin. — Turenne †.

1678 Friede zu Nimwegen (die Franche Comté an Frankreich).

1681 Strafsburg von den Franzosen besetzt. — Die Reunionen.

1683 Wiens zweite Belagerung durch die Türken unter Kara Mustapha. Schlacht vor Wien (12 Sept): Karl v. Lothringen und das Reichsheer; Johann Sobieski, König von Polen.

1685 Ludwig 14 hebt das Edict von Nantes auf; Dragonaden. Die Maintenon. — Karl 2 †. Jacob 2 (kath.) K. v. England.

1688 dritter Krieg Ludwigs 14. — Verwüstung der Pfalz durch die Franzosen (Heidelberg Speier Worms).
Zweite englische Revolution. Wilhelm 3 von Oranien. Jacob 2 flüchtet nach Frankreich.

1689 König Wilhelm 3 und Maria von England. Bill of Rights. Grofser Bund gegen Ludwig 14. System des politischen Gleichgewichts. — Czar Peter der grofse erhebt Russland zur europäischen Grofsmacht.

1697 Friede zu Rijswik (Lothringen wird hergestellt, Strafsburg bleibt bei Frankreich).
Prinz Eugen von Savoyen schlägt die Türken bei Zenta.
Karl 12 König von Schweden. August 2 der starke von Sachsen wird katholisch und König von Polen.

1699 Friede zu Carlowitz mit den Türken. Siebenbürgen und Ungarn österreichisch.

1700 grofser nordischer Krieg Karls 12 wider Dänemark, Peter den grofsen, August 2. Schlacht bei Narwa.
† Karl 2 von Spanien (der letzte Habsburger). Sein Erbe Philipp 5 von Anjou. Anrecht Karls von Österreich.

1701 Friedrich 1 als König in Preufsen gekrönt (18 Jan.).

1702 † Wilhelm 3 von England. Königin Anna — 1714. Vereinigte ostindische Compagnie in England (— 1858).

1702—1714 der spanische Erbfolgekrieg.

1704 Niederlage der Franzosen bei Höchstädt. Prinz Eugen und Marlborough. — Stanislaus Lesczinski durch Karl 12 König von Polen. Petersburg erbaut.

1705—1711 Kaiser Joseph 1.

1706 Karl 12 in Sachsen: Friede von Altranstädt. — Marlborough siegt bei Ramillies, Prinz Eugen bei Turin.

1709 Schlacht bei Malplaquet; Villars gegen Eugen u. Marlborough. Karls 12 Niederlage bei Poltáwa und Flucht zu den Türken.

1711 Kaiser Karl 6 — 1740. — Marlborough abberufen.

1713 Friedr. Wilhelm 1 König von Preufsen — 1740; ordnet den Staatshaushalt und das Heerwesen. Leopold von Dessau.

1713. 1714 Friedenschlüfse zu Utrecht und zu Rastatt u. Baden. Ludwigs 14 Enkel Philipp 5 wird als König von Spanien nebst den Colonien anerkannt. Österreich erhält Neapel und Mailand und die spanischen Niederlande.

1714 Georg 1, Kurfürst v. Hannover, wird König von England.

1715 † Ludwig 14. Sein Urenkel Ludwig 15 (5 Jahre alt), König von Frankreich — 1774. Philipp v. Orleans Regent.

1716 Prinz Eugen schlägt die Türken bei Peterwardein, 1717 bei Belgrad. Friede zu Passarowitz 1718. Belgrad bleibt österreichisch — 1739.

1718 † Karl 12. Schwedens Herrschaft über die Ostsee geht an Russland über (1721 Friede zu Nystad).
Alberoni's Intriguen zur Herstellung der spanischen Herrschaft in Italien. — Königreich Sardinien.

1725 † Kaiser Peter 1. — Herrschaft russischer Günstlinge.

1733 polnischer Thronstreit. Stanislaus Lesczinski. August 3 von Sachsen wird König von Polen. Fleury.

1738 Wiener Definitivfriede. Lothringen kommt [an K. Stanislaus † 1766 und] an Frankreich; Franz von Lothringen wird Grofsherzog v. Toscana; die jüngere Linie der spanischen Bourbonen erhält das Königreich beider Sicilien.

1740 Mai 31 † Friedrich Wilhelm 1. Friedrich 2 der grofse König von Preufsen — 1786 (geb. 24 Jan. 1712).

Oct. 20 † Kaiser Karl 6. S. Tochter Maria Theresia — 1780 (gemäfs der pragmatischen Sanction).

† Anna v. Russland. Biron wird von Münnich, dieser von Ostermann gestürzt. Kaiserin Elisabeth 1741—1762.

1740—1742 erster schlesischer Krieg. Schlesien preufsisch. Schlacht bei Mollwitz 1741 u. bei Chotusitz 1742. Friede zu Breslau.

1741—1748 der österreichische Erbfolgekrieg. Karl von Baiern im Dienste Frankreichs; wird als Karl 7 zum Kaiser erwählt (1742 † 1745). Georg 2 von England Maria Theresiens verbündeter.

1744—1745 zweiter schlesischer Krieg.

1745 † Karl 7. Franz 1 (von Lothringen) Kaiser — 1765.

Die Preufsen siegen unter Friedrich 2 bei Hohenfriedberg und bei Soor, unter Leopold von Dessau bei Kesselsdorf. Dresdner Friede.

1748 Friede zu Aachen nach den Siegen der Franzosen unter dem Marschall von Sachsen. — Die Pompadour, regierende Maitresse Ludwigs 15.

1756—1763 der siebenjährige Krieg: Maria Theresia und Kaunitz, August 3 und Graf Brühl, Elisabeth von Russland, die Pompadour und der schwedische Reichsrath gegen Friedrich den grofsen. — Seekrieg zwischen England und Frankreich. Preufsen verbündet mit England.

1756 Schlacht bei Lobositz. Capitulation der Sachsen bei Pirna.

1757 die Preufsen siegen bei Prag (Schwerin †), die Österreicher unter Feldmarschall Daun bei Kolin. Siege Friedrichs bei Rossbach (5 Nov.) und bei Leuthen (5 Dec.)

William Pitt (Lord Chatham), Minister Georgs 2, im Bunde mit Friedrich 2; erhebt England zur ersten Seemacht.

1758 Friedrich schlägt die Russen bei Zorndorf; wird bei Hochkirch von Daun und Laudon überfallen (Keith †).

1759 Ferdinand von Braunschweig siegt über die Franzosen bei Minden; Friedrich 2 wird bei Kunersdorf von den Russen und Österreichern geschlagen. Die Österreicher nehmen Dresden. Finck capituliert bei Maxen. — Prinz Heinrich.

1760 Siege Friedrichs bei Liegnitz und bei Torgau.
Georg 2 †. Sein Enkel Georg 3 König von England — 1820.

1761 bourbonischer Familienpact. Pitt wird entlafsen. Auflösung des englisch-preufsischen Bündnisses.

1762 † Elisabeth von Russland. K. Peter 3 wird entthront und ermordet: Kaiserin Katharina 2 [die grofse] — 1796.

1763 Pariser Friede: Canada wird englisch. — Britisches Reich in Ostindien. Lord Clive. Warren Hastings.
Hubertusburger Friede: Schlesien bleibt bei Preufsen.
August 3 †. Stanislaus August Poniatowski, der letzte König von Polen (— 1795).

1765 Kaiser Joseph 2 — 1790.

1772 erste Theilung Polens: Katharina, Friedrich 2 (Westpreufsen), Maria Theresia. — Erfolgreiche Siege der Russen im Türkenkriege (1768 — 1774).

1773 P. Clemens 14 (Ganganelli) hebt den Jesuitenorden auf.
Aufstand der britischen Colonien in Nordamerika. Georg Washington. Benjamin Franklin.

1774 † Ludwig 15. Sein Enkel Ludwig 16 König v. Frankreich.

1776 die Vereinigten Staaten von Nordamerika erklären ihre Unabhängigkeit (4 Juli).

1778 — 1779 bairischer Erbfolgekrieg; Friede zu Teschen. Baiern mit Kurpfalz vereinigt.
Frankreich und Spanien mit den Vereinigten Staaten im Bunde. Lafayette.

1780 † Maria Theresia. Reformen Josephs 2 in den Erblanden.

1783 Friede zu Versailles: die Unabhängigkeit der Vereinigten Staaten wird von England anerkannt.
William Pitt (der jüngere) englischer Minister († 1806).

1785 Friedrich der grofse stiftet den deutschen Fürstenbund.

1786 † Friedrich der grofse (17 Aug.). Sein Neffe Friedrich Wilhelm 2 König von Preufsen — 1797.

1788 Katharina 2 und Joseph 2 im Kriege mit den Türken. Potemkin der Taurier. Gustav 3, souveräner König von Schweden, greift Russland an (wird ermordet 1792).

1789 Ludwig 16 beruft die französischen Reichstände. Necker. Washington Präsident der Vereinigten Staaten von Nord-Amerika.

IV. DIE NEUESTE GESCHICHTE 1789–1866.

1. *Die Revolution bis zum Sturze Napoleons und zum Abschlufse der europäischen Verträge* 1789—1815.
2. *Die Restauration und die jüngere Revolution bis auf die Gegenwart* 1815—1866.

---

1. Die Revolution 1789—1815.

1789 die französische Revolution. Constituirende Nationalversammlung. Mirabeau, Sieyes, Lafayette. Erstürmung der Bastille. Abschaffung der Feudalrechte (4 Aug.). Der König und die Nationalversammlung nach Paris (Oct.).

1790 † Joseph 2. Sein Bruder Kaiser Leopold 2 —1792.

1791 † Mirabeau. Fluchtversuch des Königs. Die erste Constitution.

Gesetzgebende Nationalversammlung: Brissot, Roland. Jacobinerclub. Danton, Marat. — Die Emigranten.

1792—1802 zehnjähriger Revolutionskrieg. Die Preufsen und Österreicher unter dem Herzog von Braunschweig in der Champagne; Dumouriez. — Umsturz des Thrones (10 Aug); der Nationalconvent (—1795): französische Republik (21 Sept.). — Kaiser Franz 2 († 1835).

1793 Ludwig 16 enthauptet (21 Jan.). Sturz der Girondisten. Schreckensherrschaft des Wohlfahrtsausschufses. Marat †. Danton. Robespierre. Aufgebot der Nation: Carnot der Kriegsmeister.

Erste Coalition gegen die französische Republik: England (W. Pitt) Holland Österreich Preufsen Spanien.

Zweite Theilung Polens unter Russland und Preufsen.

1794 Danton †. Robespierre †. Kosciuszco Feldherr der Polen.

1795 Pichegru erobert Holland: batavische Republik.

Friede zu Basel: Preufsen und Spanien vergleichen sich mit der französischen Republik.

Die Directorialverfassung in Frankreich — 1799.

Dritte Theilung Polens: 'finis Poloniae'.

1796 Napoleon Bonaparte's Siege in Italien. Moreau's Rückzug aus Baiern. — Katharina 2 †. Kaiser Paul —1801.

1797 Bonaparte nöthigt Österreich zum Frieden von Campo-Formio. Venedig kommt an Österreich. Cisalpinische und ligurische Republik. Congress zu Rastatt —1799.
Friedrich Wilhelm 3 König von Preufsen (—1840).

1798 römische und helvetische Republik. P. Pius 6 gefangen. Bonaparte in Ägypten; Schlacht bei den Pyramiden. Nelson's Seesieg bei Abukir.
Krieg der zweiten Coalition gegen Frankreich: England Russland Österreich Neapel. Erzherzog Karl in der Schweiz.

1799 Suwóroffs Feldzug in Italien und der Schweiz. — Bonaparte bemächtigt sich der Gewalt als 'erster Consul'.

1800 Bonaparte's Übergang über den St. Bernhard und Sieg bei Marengo (14 Juni). — Moreau siegt bei Hohenlinden.

1801 Bonaparte schliefst Frieden zu Lüneville mit Österreich und dem Reiche. Rheingrenze: Säcularisationen. — Nordischer Neutralitätsbund. Seeschlacht bei Kopenhagen; Nelson.
Kaiser Paul ermordet. Sein Sohn Alexander 1 —1825.

1802 Friede Englands mit Frankreich und Spanien zu Amiens. Nap. Bonaparte Consul auf Lebenszeit.

1803—1814 napoleonische Kriege mit England und seinen Verbündeten. — Reichsdeputations-Hauptschlufs.

1804 Napoleon 1, Kaiser der Franzosen (geb. 1769). Franz 1 Kaiser von Österreich.

1805 Napoleon König von Italien. — Dritte Coalition gegen Frankreich: England Österreich Russland Schweden.
Nelson's Seesieg und Tod bei Trafalgar (21 Oct.).
Drei-Kaiser-Schlacht bei Austerlitz (2 Dec.). Friede zu Prefsburg. Baiern und Wirtemberg Königreiche.

1806 Joseph Bonaparte König v. Neapel, Ludwig K. v. Holland.
Napoleon Protector des Rheinbundes deutscher Fürsten.
Auflösung des deutschen Reichs. Mediatisierte Fürsten.
Niederlage der Preufsen bei Jena und Auerstädt (14 Oct.). — Continentalsperre gegen England.

1807 Schlachten bei Eylau (8 Febr.) und Friedland (14 Juni). Friede zu Tilsit. — Herzogthum Warschau unter König Friedr. August v. Sachsen. Hieronymus B., König v. Westfalen. — Kopenhagen von den Engländern beschofsen.

1808 Joseph B., König von Spanien. Joachim Murat, König von Neapel. — Aufstand der Spanier. Wellington.
Preufsens Wiedergeburt. Stein. Scharnhorst.

1809 österreichischer Krieg. Erzherzog Karl schlägt Napoleon bei Aspern; Napoleon siegt bei Wagram. Friede zu Wien 14 Oct. Die Tiroler: Andreas Hofer.

1809 Finnland russisch; Gustav 4 Wasa entsetzt. Karl 13 v. Schweden adoptiert Bernadotte (Karl 14 Joh.) als Kronprinzen.

1810 Holland, die Weser-, Elbe- und Travemündungen französisch. Napoleons höchste Macht.

1812 russischer Feldzug. Schlachten bei Smolensk und bei Borodino (an der Moskwa). Brand von Moskau. Rückzug (18 Oct.) und Auflösung der 'grofsen Armee'. Yorks Vertrag mit den Russen (30 Dec.). Stein.

1813 deutscher Befreiungskrieg; König Friedr. Wilhelm 3 und die Preufsen. Aufruf an das Volk den 3 Febr. u. 17 März: Landwehr und Landsturm. Schlachten bei Lützen (2 Mai) und bei Bautzen (20. 21 Mai). — Waffenstillstand. Scharnhorst †. Österreich tritt dem Bunde bei.

Die Nordarmee (Kronprinz von Schweden) siegt unter Bülow bei Grofsbeeren über Oudinot (23 Aug.), die schlesische Armee unter Blücher (Gneisenau) an der Katzbach über Macdonald (26 Aug.). Die Hauptarmee unter Schwarzenberg wird vor Dresden von Napoleon geschlagen (26. 27. Aug.); Vandamme bei Culm besiegt und gefangen (30 Aug.); Kleist von Nollendorf). — Bülow schlägt Ney bei Dennewitz (6 Sept.).

16. 18. 19. Oct. Völkerschlacht bei Leipzig.

Rückzug Napoleons; Schlacht bei Hanau (Wrede) (30 Oct).

1814 Feldzug der Verbündeten in Frankreich. Siege Napoleons im Februar. N. wird von Blücher bei Laon (9. 10 März), von Schwarzenberg bei Arcis an der Aube (20. 21 März) geschlagen. Schlacht vor Paris (30 März); Einzug der Verbündeten (31 März).

Erster Pariser Friede (Grenzen von 1792). Napoleon nach Elba. Restauration der Bourbonen: König Ludwig 18 gibt die französische Charte. Talleyrand. — Norwegen kommt durch den Kieler Frieden von Dänemark an den König von Schweden.

1815 Wiener Congress. Königreich der Niederlande. Russisches Königreich Polen. Theilung Sachsens. Deutsche Bundesacte. Fürst Metternich. Hardenberg. W. v. Humboldt.

Napoleons Rückkehr: 'die 100 Tage'. Blücher bei Ligny geschlagen (16 Juni); Niederlage der Franzosen bei Waterloo (Belle Alliance) 18 Juni. Wellington u. Blücher. — Murat im Neapolitanischen erschofsen. Napoleon als gefangener nach St. Helena († 1821).

Zweiter Pariser Friede (Grenzen von 1790).

2. Die Restauration und die jüngere Revolution 1815—1866.

1815 Ludwig 18 König von Frankreich — 1824, sein Bruder Karl 10 — 1830. Die heilige Allianz. Deutsche Verfassungen. — Das spanische Amerika macht sich unabhängig. Bolivar 'der Befreier'. Brasilien trennt sich von Portugal.

1820 Aufstände in Spanien Portugal Italien. Die Congresse.

1821—29 Freiheitskampf der Griechen gegen die Türken. Sultan Mahmud 2. Ibrahim Pascha (Sohn des Vicekönigs Mehemet Ali von Ägypten) verwüstet Morea 1825; Missolunghi wird erstürmt 1826. Die türkische Flotte wird 1827 bei Navarino von der englisch-französisch-russischen verbrannt.

1825 † K. Alexander 1 v. Russland. Sein Bruder Nicolaus —1855.

1828—29 Krieg Russlands mit der Türkei. Paskewitsch siegt in Armenien. Diebitsch geht über den Balkan. Friede zu Adrianopel. Die Pforte erkennt Griechenland als unabhängig an (Otto v. Baiern König v. Griechenland 1832—1862).

1830 Algier von den Franzosen erobert. — Die Pariser Julirevolution (27—29 Juli). Karl 10 wird vertrieben, Ludwig Philipp von Orleans König (— 1848). — Belgien reifst sich von Holland los: König Leopold (von Coburg † 1865). Polenaufstand; von Paskewitsch bezwungen 1831.

1832 englische Reformbill. Grey. Russell. König Wilhelm 4.

1833 Thronstreit und Parteikämpfe auf der pyrenäischen Halbinsel (Maria da Gloria v. Portugal, Isabella v. Spanien).

1834 deutscher Zollverein durch Preufsen begründet, 1853 bis zur Nordsee ausgedehnt.

1835 † Franz 1. Ferdinand Kaiser von Österreich — 1848.

1837 † Wilhelm 4. Victoria Königin von England. Ernst August König von Hannover.

1840 Friedrich Wilhelm 4 König von Preufsen († 1861).

1842 Friede zu Nanking: China wird dem Welthandel aufgeschlofsen. Japan öffnet seine Häfen 1854. Peking wird von den Engländern und Franzosen erobert 1860.

1846 Sir Robert Peel und das Freihandelsystem in England. Krieg der Nordamerikaner mit Mexiko — 1848 (Texas und Californien werden der Union einverleibt). Krakau wird von Österreich in Besitz genommen.

1847 vereinigter Landtag der preufsischen Stände. — Italienische Einheitsbestrebungen. Pabst Pius 9. — Sonderbundskrieg in der Schweiz; Bundesverfassung (1848).

1848 Revolution in Paris (24 Febr.); Proclamation der Republik. — Cavaignac bezwingt den Arbeiteraufstand 23—26 Juni. — Ludwig Napoleon Präsident 10 Dec.
Märzrevolution in Deutschland (Wien 13 M., Berlin 18 M.). Schleswig-holsteinischer Krieg. — Deutsche Nationalversammlung. Reichsverweser Erzherzog Johann (29 Juni).
Märzrevolution in Italien. Karl Albert von Sardinien. Radetzky siegt bei Custozza 25 Juli. — Aufstand der Ungarn. Octoberaufstand in Wien. — K. Ferdinand dankt ab (2 Dec.): K. Franz Joseph. Ministerium Schwarzenberg.
Das (Nov.-) Ministerium Brandenburg löst die preufsische Nationalversammlung auf. Verfassung vom 5 Dec. (revidierte Verfassungsurkunde vom 31 Jan. 1850).

1849 deutsche Reichsverfassung und Kaiserwahl in Frankfurt. Die Revolution wird bekämpft in Sachsen, am Niederrhein der Pfalz und Baden. Preufsische Waffenhilfe und Unionsbestrebungen. — Radetzky besiegt Karl Albert bei Novara 23 März. Haynau bezwingt Ungarn mit russischer Hilfe.

1850 Warschauer Conferenz. Ministerium Manteuffel in Preufsen: Olmützer Convention mit Österreich.

1851 die Schleswig-Holsteiner entwaffnet. Allseitige Rückkehr zum Bundestage. — Staatsstreich in Frankreich durch L. Napoleon (2 Dec.); 1852 2 Dec. Napoleon 3 Kaiser.

1853 Krieg Russlands mit der Türkei. Kriegserklärung der Westmächte an Russland 1854. Krimfeldzug.

1855 † Nikolaus von Russland. K. Alexander 2. — Sebastopol von den Verbündeten, Kars von den Russen eingenommen. Friede zu Paris 1856.

1857. 58. Aufstand der Indier gegen die britische Herrschaft.

1858 der Prinz von Preufsen Regent. Ministerium Hohenzollern.

1859 italienischer Krieg Victor Emanuels v. Sardinien und Napoleons 3 gegen Österreich. Schlachten bei Magenta und bei Solferino (4 und 24 Juni). Friede von Villafranca 11 Juli (Nov. Verträge zu Zürich). Österreich tritt die Lombardei ab.

1860 Victor Emanuel tritt Savoyen u. Nizza an Frankreich ab und macht sich zum Könige von Italien. Garibaldi. Cavour. — Bürgerkrieg in Nordamerika — 1865. Lincoln.

1861 Wilhelm 1 König v. Preufsen. Ministerium Bismarck (1862).

1863 † Friedrich 7 v. Dänemark. Bundestruppen in Holstein.

1864 Österreicher und Preufsen in Schleswig. Räumung des Danewirks 6 Febr., Erstürmung der Düppeler Schanzen durch die Preufsen 18 April, der Insel Alsen 29 Juni. Friede zu Wien: die deutschen Herzogthümer werden von Dänemark abgetrennt.

1865 Vertrag von Gastein: Lauenburg kommt an Preufsen.

DRITTER CURSUS.

DIE CULTURGESCHICHTE.

I. Das Alterthum.

Ursprünglicher Glaube an den einigen Gott. Die Übergänge von dem unstäten Hirten- und Jägerleben zum Ackerbau und zu festen Wohnsitzen.

4000 uralte Cultur in Ägypten Babylonien Baktrien Indien (China). Allmählige Ausbildung der Priesterherrschaft und des Kastenwesens. Ägyptische Pyramiden und Tempel; Hieroglyphen.

2000 chaldäischer Sterndienst. — Abraham. — Pelasgische Bauten in Griechenland.

1500 die ältesten Veden der Indier. — Zaruthastra (Zoroaster) Religionsstifter in Baktrien. — Schiffahrt und Kunstfleifs der Phönicier. — Moses Gesetzgeber der Israeliten.

1250 Reich der Assyrier von Ninive.

1000 David. Blüte der hebräischen Dichtkunst. — Blüte des hellenischen Epos in den Colonien; Homer und die Homeriden.

776 Aera der Olympiaden. Dorischer und ionischer Tempelbau.

753 Aera der Erbauung Roms. Etruskische Kunst.

700 das lydische u. das medische Reich. — Der Prophet Jesaias.

606 Zerstörung von Ninive. Nebukadnezar König von Babylon. Die Propheten Jeremias, Ezechiel.

Hellenische Festversammlungen. Blüte der Lyrik; die Aeolier Alkaeos und Sappho. — Die sieben Weisen: Thales von Milet, Vater der Philosophie; Solon von Athen.

558 Cyrus. — Croesus von Lydien. — Indischer Buddhaismus (Buddha † 543).

540 Pflege der Künste durch die Peisistratiden von Athen. Sammlung der homerischen Gedichte. Anakreon. — Pythagoras lehrt zu Kroton.

500 Kriege zwischen Griechen und Persern. — Der Dichter Simonides. — Der Weltweise Confucius in China.

480 Schlacht bei Salamis. Pindaros Hymnen. Die Tragödien des Aeschylos († 456).

445 höchste Blüte der Kunst in Athen unter Perikles Staatsverwaltung. Der Maler Polygnotos. Bau des Parthenons und der Propyläen; die Götterbilder des Pheidias. — Herodots Geschichte. — Die Tragödien des Sophokles († 405).

431 der peloponnesische Krieg. Der Geschichtschreiber Thukydides. Die Tragödien des Euripides († 406).

429 † Perikles. Hippokrates der Arzt. Platon geboren. Die Sophisten in Athen: ihr Gegner Sokrates. Die attische Komödie: Aristophanes.

421 Friede des Nikias. — Der Bildhauer Polykleitos von Argos.

399 Sokrates †. Die Maler Zeuxis und Parrhasios.

387 Platon lehrt in der Akademie († 347). Xenophon. Isokrates Lehrer der Redekunst († 338).

359 K. Philipp von Macedonien. — Demosthenes Staatsreden. Der Bildhauer Praxiteles von Athen.

336 Alexander der grofse erschliefst Asien der hellenischen Cultur. Sein Erzieher Aristoteles lehrt zu Athen im Lykeion (die Peripatetiker). Diogenes der Kyniker. — Die Bildsäulen des Lysippos, die Gemälde des Apelles und Protogenes.

322 Tod des Demosthenes und des Aristoteles.

312 römische Wasserleitungen und Heerstrafsen: via Appia.

300 Alexandrien Sitz des Welthandels und der griechischen Gelehrsamkeit. Eukleides System der Mathematik.

Die Philosophenschulen zu Athen. Epikuros. Zenon lehrt in der Stoa.

264 Beginn der punisch-römischen Kriege. Gladiatorenspiele in Rom. Anfänge der römischen Litteratur.

212 Archimedes † zu Syrakus.

184 † Plautus der Komödiendichter. Catos censorische Reden und Origines. Die Annalen des Ennius.

167 macedonischer Triumph: griechische Kunstwerke Kriegsbeute der Römer. — Polybios der Geschichtschreiber in Italien. Die Komödien des Terentius.

146 Zerstörung von Karthago und Korinth. Griechische Philosophen und Rhetoren in Rom. P. Scipio Africanus der jüngere.

133 Ti. Gracchus. — Lucilius Satiren.

63 Ciceros Consulat. Blüte der römischen Beredsamkeit. — Die Dichter Catullus, Lucretius.

46 julianischer Kalender. Caesars Commentarien.

44 Caesar †. Ciceros philippische Reden († 43). — Der Geschichtschreiber Sallustius.

30 das römische Kaiserthum. Augusteisches Zeitalter; Maecenas. Die Dichter Vergilius († 19), Horatius († 8 v. Ch.), Propertius; Ovidius † in der Verbannung 17 n. Ch. Die römische Geschichte des Livius († 17 n. Ch. — Kaiserbauten in Rom.

14 n. Ch. † Augustus. — Judicia majestatis. Die Römer in Schwelgerei und Laster versunken: Vorliebe für fremden Götzendienst.

33 Christi Leiden unter Pontius Pilatus. — Reisen der Apostel: den Heiden wird das Evangelium gepredigt.

64 neronischer Brand der Stadt Rom. — Märtyrertod der Apostel Petrus und Paulus. Johannes lehrt zu Ephesus.

79 Ausbruch des Vesuvs: Tod des älteren Plinius.

98 Trajanus. — Die Germania des Tacitus. Juvenals Satiren. Der Grieche Plutarchos.

133 Zerstreuung der Juden unter Hadrian. Die christlichen Apologeten.

180 † M. Aurelius. Lukianos. Das Weltsystem des Ptolemaeos.

200 Blüte der römischen Rechtswissenschaft; Papinianus († 212). Ulpianus († 230). — Verfall der Kunst.

253 die Christenverfolgung unter Decius; der Kirchenvater Origenes †. — Neuplatonische Philosophie. Wachsende Zerrüttung des römisch-heidnischen Staates.

303 die letzte Christenverfolgung unter Diocletianus.

312 Constantin der grofse, Schutzherr der christlichen Kirche. Mönchthum in Ägypten.

325 erstes allgemeines Concil zu Nicaea. Die Lehre des Arīus wird verdammt. Athanasius. — Constantinopel, das neue Rom. Pilgerfahrten nach Palästina.

375 Sturz des Heidenthums: die Metropolitankirchen zu Rom Alexandrien Jerusalem Antiochien Constantinopel. Das (arianische) Christenthum bei den Germanen: des Gothenbischofs Ulfilas Bibelübersetzung.

II. Das Mittelalter.

375 die germanische Völkerwanderung. Ambrosius Bischof von Mailand: kirchliche Hymnen. Hieronymus: Biblia vulgata.

395 Theilung des Reichs durch Theodosius. Der Kirchenvater Augustinus, Bischof von Hippo regius († 430). Die kirchliche Beredsamkeit des Chrysostomus.

452 Leo 1 der grofse, Bischof von Rom, verhandelt als Gesandter mit dem Hunnenkönige Attila.

455 Plünderung Roms durch die Vandalen.

496 die Franken bekennen sich zur katholischen Kirche. Lateinische Kirchen- und Geschäftsprache im Abendlande. Der Ostgothenkönig Theodorich der grofse.

527 Kaiser Justinian. Tribonianus sammelt die römischen Rechtsquellen: codex Justinianeus. Byzantinische Baukunst: die Sophienkirche.

529 Benedict von Nursia stiftet das Kloster Monte Cassino. Die Ordensregel der Benedictiner.

568 Gründung des Langobardenreichs in Italien. —

590 Pabst Gregor 1 der grofse. Sieg der katholischen Kirche über den Arianismus. Bekehrung der Angelsachsen. — Ausbildung des Lehnswesens im fränkischen Reiche. Gregors von Tours fränkische Geschichte.

622 Mohammeds Flucht von Mekka nach Medina. Der Islam bei den Arabern (der Koran 634).

630—711 der Islam gewinnt die Herrschaft in Syrien Mesopotamien Persien Nordafrika Spanien.

732 die Saracenenschlacht bei Tours. Bonifacius (Winfried) Apostel und Bischof der Deutschen † 755. Der angelsächsische Geschichtschreiber Beda Venerabilis. Christliche Zeitrechnung.

Bilderstreit im oströmischen Reiche.

750 Blüte der arabischen Kunst und Wissenschaft unter den Abbasiden. Aristotelische Philosophie.

800 Kaiser Karl der grofse sammelt die deutschen Heldenlieder. Paulus Diaconus der Langobarde. Einhard (vita Karoli M.). Klosterschulen zu Tours unter dem Angelsachsen Alkuin, zu Fulda unter Hrabanus Maurus († 856), zu St. Gallen und Corvey. Das Christenthum bei den Sachsen.

831 Anskar Erzbischof von Hamburg (-Bremen) Apostel des Nordens. Die Normannenfahrten. — Altsächsische Evangelienharmonie. Kaiser Ludwig der fromme.

843 Theilung des fränkischen Reiches zu Verdun.

863 Schisma der römischen und griechischen Kirche. P. Nicolaus 1. Das pseudo-isidorische Kirchenrecht. — Otfrieds althochdeutsche Evangelienharmonie.

901 † Alfred der grofse: angelsächsische Litteratur.

962 Otto der grofse zu Rom als Kaiser gekrönt. Pflege der Wissenschaften in Dom- und Stiftschulen. Lateinische Poesie und Geschichtschreibung: Liudprand von Cremona, Widukind von Corvey, Hrotsuith von Gandersheim. Romanischer Baustil. — Blüte der Kunst und Wissenschaft bei den Arabern in Spanien: ihr Schüler Gerbert (P. Silvester 2).

1002 † Otto 3 ('das Wunder der Welt'). Sieg des Christenthums bei den Ungarn, Polen und Skandinaviern; die Russen wenden sich der griechischen Kirche zu. — Macht des Mönchsordens von Cluny. Gottesfriede.

1030 K. Konrad 2 gründet den Dom zu Speier.

1066 die normannische Ritterschaft in Apulien Sicilien England.

1073 P. Gregor 7. Kampf der Hierarchie wider den weltlichen Lehenstaat. — Lamberts Annalen.

1096 der erste Kreuzzug: das geistliche Ritterthum. Mönchsorden der Cistercienser und Prämonstratenser. Die Scholastik: der Lombarde Anselm, Erzbischof von Canterbury († 1109).

1122 das Concordat von Worms. — Bologna die hohe Schule des römischen Rechts, Salerno der Heilkunde, Paris der scholastischen Theologie. Abaelard († 1142). Die Mystik: Bernhard Abt von Clairvaux († 1153).

1147 der zweite Kreuzzug. — Blüte der provençalischen Poesie der Troubadours (— 1250).

1152 K. Friedrich 1 Barbarossa. Seine Geschichtschreiber Otto von Freising und Ragewin. — Das lombardische Städtewesen. — Pabst Alexander 3.

1190 der dritte Kreuzzug; Erzbischof Wilhelm von Tyrus. K. Friedrich 1 †. Der deutsche Ritterorden. — Blüte der mittelhochdeutschen Poesie: die höfischen Dichter Heinrich von Veldeke, Hartmann von Aue. — Germanischer Baustil.

1198—1216 P. Innocenz 3: Höhestand der päbstlichen Macht. Kreuzzüge gegen die Albigenser; Inquisition. Die Bettelorden der Dominikaner (Predigermönche) und Franciskaner. — Universität Paris.

1210 das Buch von der Nibelunge Noth. Die Lieder Walthers von der Vogelweide; Wolframs von Eschenbach Parcival, Gottfrieds von Strafsburg Tristan.

1227 der deutsche Orden in Preufsen. Deutsche Cultur an der Ostsee. Die Hanse. — Der Sachsenspiegel.

1248 der Kölner Dombau wird begonnen. Albertus Magnus lehrt in Köln.

1250 † K. Friedrich 2. Faustrecht und Raubritterthum. — Der Scholastiker Thomas von Aquino (doctor angelicus, † 1274).

1273 K. Rudolf von Habsburg. — Erwin von Steinbach baut den Strafsburger Münster. Verfall der deutschen Poesie. Reimchroniken.

1291 Ende der Kreuzfahrten nach dem heiligen Lande. Welthandel der Venetianer und Genuesen: der Compass. Marco Polo's Reisen in Centralasien.

1305 die Päbste in Avignon: zunehmende Verweltlichung der Hierarchie.

1321 † der Florentiner Dante Alighieri, Dichter der 'divina commedia'. Italienische Nationallitteratur.

1348 Prag die erste Universität in Deutschland (1365 Wien, 1386 Heidelberg, 1409 Leipzig).

1349 der schwarze Tod. Die Geislerfahrten. Predigten der Mystiker (Jo. Tauler † 1361). — Die classischen Studien in Italien; Franz Petrarcha († 1374) und Boccaccio († 1375). Wiedergeburt der Wissenschaften. — Gebrauch des Schiefspulvers. Verfall des Ritterthums.

1378 die grofse Kirchenspaltung (— 1415). Vorläufer der Reformation: J. Wyclif in Oxford. Schulen der Brüder vom gemeinsamen Leben in den deutschen Niederlanden.

Die deutschen Städtebünde: die Hanse mächtig im Norden (Lübeck Köln); die oberdeutschen Städte Strafsburg Basel Ulm Augsburg Regensburg Nürnberg. Der Meistergesang und die Volkslieder.

1415 Jo. Hufs † auf der Kirchenversammlung zu Constanz. Die Hussiten. — Entdeckungsfahrten der Portugiesen.

1431 die Kirchenversammlung zu Basel. Aeneas Sylvius.

1450 Johann Gutenberg erfindet die Buchdruckerkunst. — Holzschnitte. Kupferstiche.

1453 Constantinopel von den Türken erobert. Pflege der Wissenschaften und Künste durch die Medici zu Florenz (Lorenzo der prächtige 1478—1492). Die Renaissance.

1478 spanische Inquisition. — Hexenprocesse in Deutschland.

1492 Christoph Columbus entdeckt die neue Welt († 1506). Des Nürnbergers Martin Behaim Erdglobus.

1498 Vasco da Gama entdeckt den Seeweg nach Ostindien.

1502 Kurfürst Friedrich der weise von Sachsen stiftet die Universität Wittenberg. — Die classischen Studien in Deutschland: J. Reuchlin † 1522, Desid. Erasmus † 1536. Die Ciceronianer in Italien.

1513 P. Leo 10. Bau der Peterskirche. Blüte der italienischen Kunst. Michel Angelo † 1564. Rafael † 1520. Florentinische Schule: Leonardo da Vinci † 1519. Lombardische Schule: Correggio † 1534. Venetianische Schule: Tizian († 1576). — Albrecht Dürer zu Nürnberg, Meister der deutschen Kunst † 1528. Hans Holbein.

1516 des Florentiner Geschichtschreibers Macchiavelli Buch 'vom Fürsten'. Das Söldnerwesen. — Lud. Ariosto's rasender Roland.

Epistolae obscurorum virorum. Ulrich von Hutten. — Erasmus Ausgabe des neuen Testaments.

III. Die neuere Zeit.

1517 31 Oct. D. Martin Luthers Thesen gegen den Ablafshandel: die deutsche Reformation.

1519 Ulrich Zwingli Reformator zu Zürich († 11 Oct. 1531). — Die erste Erdumsegelung durch Ferd. Magalhaēs.

1522—1534 die deutsche Bibel durch Luther (geb. 10 Nov. 1483 † 18 Febr. 1546), den Begründer der deutschen Prosa. Lutherischer Katechismus. Das evangelische Kirchenlied. — Der Dichter Hans Sachs zu Nürnberg.

1530 augsburgische Confession der Protestanten. Ausbreitung der Reformation im nördlichen germanischen Europa.

1540 Ignatius Loyola stiftet den Jesuitenorden. Xavers Heidenmission. — Römische Inquisition.

1541 J. Calvins Kirchenordnung in Genf († 1564).

1543 † Copernicus, der Gründer des wissenschaftlichen Weltsystems. Vesalius der Anatom. — Das sächsische Schulwesen: Phil. Melanchthon 'praeceptor Germaniae' († 1560); die Fürstenschulen Pforte Meissen Grimma. J. Sturm Rector zu Strafsburg († 1589).

1555 Augsburger Religionsfriede.

1556 Laynez General der Jesuiten. — Sleidanus der Geschichtschreiber †.

1563 Schlufs des Tridentiner Concils. Gegenreformationen. — Palestrina's Kirchenmusik.

Heidelberger Katechismus der Reformierten. Theologischer Zwiespalt unter den Protestanten.

1564 Shakespeare und Galilei geboren.

1566 römischer Katechismus durch P. Pius 5.

1572 die Pariser Bluthochzeit. — Französische Philologie: des Buchdruckers H. Stephanus Thesaurus linguae graecae. Jos. Scaliger 'der Fürst der Philologen' († 1609). — Die Lusiaden von Camoẽs.

1575 Torquato Tasso's befreites Jerusalem. — Der Satiriker Fischart (Gargantua). — Stiftung der Universität Leyden.

1580 das Concordienbuch der lutherischen Kirche.

1582 gregorianischer Kalender.

1585 P. Sixtus 5. Aquaviva's Studienordnung der Jesuiten. Verfall der Wissenschaften in Italien.

1596 W. Shakespeare's Hamlet und historische Dramen. — Indischer Handel der Holländer.

1598 das Edict von Nantes zum Schutze der Hugenotten. Der Geschichtschreiber Thuanus (de Thou); der Philolog Is. Casaubonus († 1614).

1608 Erfindung des Fernrohrs. Der Astronom Galilei.

1616 † Shakespeare und Cervantes (Don Quixote). Blüte des spanischen Dramas: Lope de Vega. Calderon. — Flämische Malerschule; Peter Paul Rubens † 1640; van Dyk.

1618 der dreifsigjährige Krieg. — J. Kepler entdeckt die Gesetze planetarischer Bewegung († 1630).

1620 Franc. Bacon: 'novum organon scientiarum'.

1624 Martin Opitz: 'Büchlein von der deutschen Poeterei'. Die Sprachgesellschaften und gelehrten Poeten.

1625 Hugo Grotius 'de jure belli et pacis' († 1645). Salmasius der Polyhistor.

1631 der Jesuit Friedrich von Spee bekämpft die Hexenprocesse.

1635 Cardinal Richelieu stiftet die französische Akademie. Der Cid von Corneille.

1640 die Jansenisten von Port-Royal. Der Philosoph Descartes. — Holländische Malerschule: Rembrand van Rijn; van der Helst. Blüte der Landschaftsmalerei: Nic. Poussin. Claude Lorrain, Jac. Ruysdael.

1642 † Galilei. Newton geboren.

1648 westfälischer Friede. Herrschaft der französischen Sprache und Hofsitte.

1656 die Provincialbriefe von Pascal (gegen die Jesuiten). — Holländische Philologie; J. F. Gronovius.

1661 Sam. Pufendorf, Professor des Natur- und Völkerrechts zu Heidelberg.

1666 Colbert stiftet die Akademie der Wissenschaften zu Paris. — Is. Newton's Gravitations- und Farbenlehre.

1667 Paul Gerhardts Haus- und Kirchenlieder. 'Das verlorene Paradies' von John Milton († 1674).

1673 † Molière der Lustspieldichter. Das Zeitalter Ludwigs 14: die classische Hofpoesie; Tragödien von Racine († 1699). Boileau's art poétique.

1675 G. W. Leibniz, der gröſste Gelehrte seiner Zeit, Begründer der deutschen Philosophie, erfindet die Differentialrechnung († 1716).

1682 William Penn der Quäker gründet Philadelphia.

1685 Aufhebung des Edicts von Nantes. Verfolgung und Flucht der französischen Protestanten.

1694 Stiftung der Universität Halle. Ch. Thomasius deutsche Vorlesungen; Bekämpfung der Hexenprocesse. Ph. Spener und Aug. Herm. Francke 'die Pietisten'. Evangelische Heidenmission. — Dictionnaire de l'académie française.

1697 Bayle's dictionnaire historique et critique. John Locke; die Schule der materialistischen Philosophen. — Rich. Bentley's philologische Kritik. — Peter der groſse verpflanzt europäische Cultur nach Russland.

1700 Einführung des verbesserten Kalenders bei den Protestanten. — Stiftung der Akademie der Wissenschaften zu Berlin.

1708 Boerhaave zu Leyden, Begründer der neueren Heilkunde.

1727 Zinzendorf stiftet die Herrnhuter Brüdergemeinde. Methodisten in England. — Protestantische Kirchenmusik des Cantors Jo. Sebast. Bach zu Leipzig.

1737 Stiftung der Universität Göttingen: der Philolog J. Matth. Gesner, der Physiolog Albr. v. Haller. — Der Mathematiker Euler in Petersburg.

1738 Herculaneum und Pompeji aufgegraben.

1740 das Zeitalter Friedrichs des groſsen. Voltaire. — Hemsterhuys Stifter der Hellenistenschule in Leyden. Seine Schüler Valkenaer, Ruhnken.

1741 Händels Oratorium Messias.

1748 die classische Epoche der deutschen Nationallitteratur. Klopstocks Messias und Oden († 1803).
Montesquieu 'über den Geist der Gesetze'.

1749 28 Aug. Goethe geboren. — Buffon's Naturgeschichte.

1751 die flache Aufklärung der französischen Encyklopädisten. — Linné's von Upsala System der Botanik. — Benj. Franklin erfindet den Blitzableiter.

1756 der siebenjährige Krieg. — William Pitt's Parlamentsreden. Britisches Reich in Indien. — Rafael Mengs und Winckelmann in Rom.

1762 Macpherson's Ossian. — Englische Geschichtschreibung (Robertson, Dav. Hume). — Des Genfers Jean Jacques Rousseau Contrat social und Emile.

1764 Winckelmanns Geschichte der Kunst des Alterthums. Der Philolog Heyne in Göttingen.

1766 Lessings Laokoon. Wielands Romane und poetische Erzählungen. — Die Symphonien von Jos. Haydn.

1768 Lessings hamburgische Dramaturgie.

1773 Sturm- und Drangperiode der deutschen Litteratur. Herder († 1803). Goethes Götz von Berlichingen.
P. Clemens 14 hebt den Jesuitenorden auf.

1774 Werthers Leiden von Goethe. Glucks Opern.

1776 Unabhängigkeitserklärung der Vereinigten Staaten von Nordamerika. Aufschwung der englischen Industrie. James Watt's Dampfmaschinen; Baumwollenweberei. — Der Chemiker Lavoisier (1794 hingerichtet). — Gibbon's Geschichte des Verfalls und Untergangs des römischen Reichs.

1779 der Weltumsegler Cook † auf den Sandwich-Inseln. Der Naturforscher Blumenbach in Göttingen.

1780 Kaiser Joseph 2. Abschaffung der Folter, der Leibeigenschaft. Religiöse Toleranz und politische Reform.
J. v. Müllers Schweizergeschichte.

1781 † Lessing (geb. 1729). Kants Kritik der reinen Vernunft. Übersetzung der Odyssee von Vofs. Schillers Räuber.

1784 Will. Jones stiftet zu Calcutta die 'asiatische Gesellschaft'.

1787 Goethe in Italien: Iphigenie Egmont Tasso. Schillers Don Carlos. Mozart's Opern. — Bekämpfung des Negerhandels.

IV. Die neueste Zeit.

1789 die französische Revolution. Erklärung der Menschenrechte.

1791 der Galvanismus entdeckt durch Galvani und Volta.

1793 Königsmord und Atheismus in Frankreich. Die Marseillaise.

1794 Fichtes Wissenschaftslehre. F. A. Wolfs Prolegomena zum Homer. Der Philolog Gottfried Hermann in Leipzig. — Senefelder erfindet den Steindruck.

1797 Goethes Hermann und Dorothea. A. W. Schlegel übersetzt Shakespeare's Dramen. Die romantische Schule: die Brüder Schlegel, Tieck. Schellings Philosophie der Natur. — Haydns Schöpfung.

1798 französische Expedition in Ägypten.

1799 Schillers Wallenstein und Lied von der Glocke.

1799—1804 Alex. v. Humboldts Reisen im spanischen Amerika. — Blüte der Naturwissenschaften: die Astronomen und Physiker Laplace, Olbers, Gaufs († 1855), Arago; der Geognost Leop. v. Buch; Cuvier's vergleichende Anatomie.

1804 Napoleons Kaiserthum mit päbstlicher Salbung. Französische Gesetzbücher. — Beethovens Symphonien. — Pestalozzis Erziehungsanstalt zu Yverdun. Wilhelm Tell von Schiller (geb. 10 Nov. 1759 † 9 Mai 1805).

1807 Goethes Faust. Hegels System der Wissenschaft. — Fulton baut das erste Dampfschiff zu Neuyork.
Deutschland in seiner tiefsten Erniedrigung.

1810 Stiftung der Universität Berlin: W. v. Humboldt, Niebuhr (römische Geschichte 1811), Schleiermacher, Fichte. Die historische Rechtsschule: Savigny, Eichhorn.

1813 deutscher Befreiungskrieg. Die patriotischen Dichter Arndt Körner Rückert Schenkendorf. Der Componist K. Maria v. Weber. — Der Bildhauer Thorwaldsen in Rom.

1814 der Jesuitenorden hergestellt durch P. Pius 7. — Geo. Stephenson erfindet die Locomotive. Verbreitung der Maschinenindustrie auf dem Continente.

1815 Uhlands Gedichte. Walter Scott's Romane. Romantische Dichterschule in Frankreich: Béranger. Lamartine. — Deutsche Auswanderung nach Amerika.

1816 die Sprachwissenschaft: der Orientalist de Sacy, Jac. Grimms deutsche Grammatik, Champollion's System der Hieroglyphen, Bopp's vergleichende Grammatik. W. v. Humboldt. — Deutsche Alterthumswissenschaft: die Brüder Grimm, Lachmann.

1862 Ausstellung in London
1867 Ausstellung in Paris

1817 Jubelfeier der Reformation. Agende der unierten evangelischen Kirche in Preufsen (1822). — Karl Ritters Erdkunde. Böckhs Staatshaushaltung der Athener. Otfried Müllers Geschichten hellenischer Stämme.

1818 Stiftung der rheinischen Universität Bonn.

1819 Stein stiftet die Gesellschaft für ältere deutsche Geschichtskunde, zur Herausgabe der Monumenta Germaniae historica: Pertz. — Karlsbader Beschlüfse.

1820 Oersted entdeckt den Elektromagnetismus.

1821 Freiheitskampf der Griechen. Lord Byron der Philhellene († 1824). — Webers Freischütz.

1823 die deutsche Geschichtschreibung: Raumer Schlosser Dahlmann, Leop. Ranke; der Kirchenhistoriker Aug. Neander. Französische Geschichtschreibung: Augustin Thierry, Barante, Guizot, Mignet.

1826 Universität München. K. Ludwig von Baiern beruft die deutschen Künstler aus Rom. Münchener Kunstschule: Cornelius, Jul. Schnorr, H. Hefs. — Düsseldorfer Schule: W. Schadow, Lessing, Bendemann.

1830 Liverpool-Manchester Eisenbahn.

1832 22 März † Goethe.

1834 Rückerts gesammelte Gedichte. — Deutscher Zollverein. Aufschwung der deutschen Industrie. — Die negative Kritik der junghegelschen Schule.

1836 das Oratorium Paulus von Felix Mendelsohn-Bartholdy,

1838 oceanische Dampfschiffahrt. Continentales Eisenbahnnetz (Leipzig-Dresdner Eisenbahn 1839). — Daguerre erfindet die Photographie.

1845 der Kosmos von Alex. v. Humboldt († 1859).

1848 Communismus und Socialismus in Frankreich. Die innere Mission der Kirche. — Elektro-magnetische Telegraphenlinien für den Weltverkehr.

1851 Welt-Industrieausstellung in London. Goldausbeute in den Küstenländern des stillen Meeres. — Afrikanische Entdeckungen. Heinr. Barth. Livingstone.

1855 österreichisches Concordat mit dem Pabste.

1859 italienische Umwälzung.

ANHANG.

I. Die römischen Kaiser.

Imp. Caesar Augustus	30 v. Ch.—14 n. Ch.
Tiberius Caesar	14—37
Gajus Caesar (Caligula)	37—41
Claudius	41—54
Nero	54—68
Galba	68—69
Otho. Vitellius	69
T. Flavius Vespasianus	69—79
Titus	79—81
Domitianus	81—96
M. Coccejus Nerva	96—98
M. Ulpius Trajanus	98—117
P. Aelius Hadrianus	117—138
T. Antoninus Pius	138—161
M. Aurelius philosophus	161—180
L. Verus	† 169
L. Aurelius Commodus	180—192
Helvius Pertinax	† 193
Didius Julianus	† 193
Septimius Severus	193—211
Caracalla (Geta † 212)	211—217
Macrinus	217—218
Elagabalus	218—222
Severus Alexander	222—235
Maximinus Thrax	235—238
Pupienus und Balbinus	238
Gordianus	238—244
Philippus Arabs	244—249
Decius	249—251
Gallus	251—254
Aemilianus	† 254
Valerianus	254—260
Gallienus	254—268
Odenathus von Palmyra	† 267
Zenobia	—273
Claudius Gothicus	268—270
Aurelianus	270—275
Tacitus	275—276
Florianus	† 276
Probus	276—282
Carus	282—283
Numerianus	† 284
Carinus	† 285
Diocletianus	284—305 († 313)
Maximianus Aug.	286—305 † 310
Constantius Chlorus Caesar 292, Augustus	305 † 306
Galerius Caesar 292, Aug.	305 † 311
Maximinus (orient.)	305 † 313
Severus	305 † 307
Licinius	307—323 († 324)
Maxentius	306—312
Constantinus der grofse	306—337
Constantinus 2 (occid.)	337—340
Constantius 2 (orient.)	337—361
Constans (Ital.)	337—350
Magnentius	350—353
Julianus apostata	360—363
Jovianus	363—364
Valentinianus 1 (occid.)	364—375
Valens (orient.)	364—378
Gratianus (occid.) (367)	375—383
Maximus	383—388
Valentinianus 2	375—392
Eugenius	392—394
Theodosius der grofse	379—395

Theilung des Kaiserthums 395.

Kaiser im Westen:

Honorius	395—423
Ioannes	423—425
Valentinianus 3	425—455
Petronius Maximus	† 455
Avitus	455—456
Ricimer, Patricius	456—472
Majorianus	457—461
Severus	461—465
Anthemius	467—472
Olybrius	† 472
Glycerius	473—474
Julius Nepos	474—475 † 480
Romulus Augustulus	475—476

Kaiser im Osten bis 578.

Arcadius	395—408
Theodosius 2	408—450
Marcianus	450—457
Leo	457—474
Zeno	474—491
Anastasius	491—518
Justinus	518—527
Justinianus	527—565
Justinus 2	565—578

II. Deutsche Könige und Kaiser.

1. Die Karolinger . . . 752—911
Pippin der kleine, König der Franken . . . . 752—768
Karl der grofse, König d. Fr. 768—814
römischer Kaiser 800
Ludwig der fromme . . . . . 814—840
Vertrag von Verdun . . . 843
Ludwig der deutsche . . . . . . † 876
{Karlmann . . . . † 880
{Ludwig der jüngere . . . . . . † 882
{Karl der dicke . . 876—887 († 888); Kaiser im ganzen Frankenreich 884
Arnulf von Kärnthen . . . . 887—899
Ludwig das Kind . . . . . . 899—911

Konrad 1 von Franken . . . 911—918

2. Die sächsischen Kaiser 919—1024
Heinrich 1 (der Vogler) . . 919—936
Otto 1 der grofse . . . . . . 936—973
römischer Kaiser 962
Otto 2 der rothe . . . . . . 973—983
Otto 3 . . . . 983—1002
Heinrich 2 von Baiern . 1002—1024

3. Die fränkischen Kaiser 1024—1125
Konrad 2 (der Salier) . . 1024—1039
Heinrich 3 der schwarze . 1039—1056
Heinrich 4 . . . . 1056—1106
Rudolf von Schwaben . 1077—1080
Hermann v. Luxemburg 1081—1088
Konrad von Franken . 1093—1102
Heinrich 5 . . . . (1104) 1106—1125

Lothar von Sachsen . . . 1125—1137

4. Die schwäbischen Kaiser (die Staufer) . . . . 1138—1254
Konrad 3 . (1127—1135) 1138—1152
Friedrich 1 Barbarossa . 1152—1190
Heinrich 6 . . . . 1190—1197
{Philipp von Schwaben . 1198—1208
{Otto 4 der Welfe 1198—1215 † 1218
Friedrich 2 von Sicilien (1212) 1215—1250
Heinrich Raspe v. Thüringen 1246—1247
Wilhelm von Holland 1247—1256
Konrad 4 . . . . . (1237) 1250—1254

Das grofse Zwischenreich 1256—1273
Richard von Cornwall . . 1257—1272
Alfons (10) von Castilien . . († 1284)

5. Kaiser aus verschiednen Häusern (Habsburg, Luxemburg, Wittelsbach) . . . . 1273—1437
Rudolf von Habsburg . . 1273—1291
Adolf von Nassau . . . . 1292—1298
Albrecht von Österreich . 1298—1308
Heinrich 7 von Luxemburg 1308—1313
{Friedrich der schöne von Österreich . . . . † 1330
{Ludwig von Baiern . . . 1314—1347
Karl 4 von Böhmen (1346) 1347—1378
Günther von Schwarzburg . † 1349
Wenzel von Böhmen . . . 1378—1400 † 1419
Ruprecht von der Pfalz . 1400—1410
Jost von Mähren . . . 1410 † 1411
Sigismund von Ungarn . 1410—1437

6. Die Habsburger . 1438—1806
Albrecht 2 . . . . 1438—1439
Friedrich 3 . . . . 1440—1493
Maximilian 1 . . . . 1493—1519
Karl 5 von Spanien . . . 1519—1556 † 1558
Ferdinand 1 . . . (1531) 1558—1564
Maximilian 2 . . . . 1564—1576
Rudolf 2 . . . . 1576—1612
Matthias . . . . 1612—1619
Ferdinand 2 . . . . 1619—1637
Ferdinand 3 . . . . 1637—1657
Leopold 1 . . . . 1658—1705
Joseph 1 . . . . 1705—1711
Karl 6 . . . . 1711—1740
Karl 7 von Baiern . . . 1742—1745
Franz 1 von Lothringen . 1745—1765
(Gem. Maria Theresia 1740—1780)
Joseph 2 . . . . 1765—1790
Leopold 2 . . . . 1790—1792
Franz 2 . . . . . 1792—1806 (6 Aug.)
seit 1804 Franz 1 Kaiser von Österreich . . . . † 1835
Ferdinand Kaiser von Österreich 1835—1848
Franz Joseph seit 1848.

Friedrich der weise, Kurfürst u. Herzog zu Sachsen (ernestin. Linie) . . . . 1486—1525
Johann der beständige . 1525—1532
Johann Friedrich der grofsmüthige 1532—1547 † 1554
Moriz (albertin. Linie) . 1547—1553
August . . . . 1553—1586

Friedrich Wilhelm der grofse Kurfürst von Brandenburg 1640—1688
Friedrich 3 1688, seit 1701:
Friedrich 1 König von Preufsen —1713
Friedrich Wilhelm 1 . . . 1713—1740
Friedrich 2 der grofse . . 1740—1786
Friedrich Wilhelm 2 . . . 1786—1797
Friedrich Wilhelm 3 . . . 1797—1840
Friedrich Wilhelm 4 . . . 1840 † 1861
Wilhelm Regent 1858, König 1861.

III. Die französischen Regentenhäuser.

1. Die Karolinge . . . . 843—987
2. Die älteren Capetinge 987—1328
3. Das Haus Valois . . . 1328—1589
4. Die Bourbonen . . 1589—1792. 1814—1830

Heinrich 4 . . . . 1589—1610
Ludwig 13 . . . . 1610—1643
Card. Richelieu 1624—1642
Ludwig 14 . . . . 1643—1715
Card. Mazarin — 1661
Ludwig 15 . . . . . . 1715—1774
Ludwig 16 . . 1774—1792 († 1793)
Französische Republik . 1792—1804
Napoleon 1 (1799) Kaiser 1804—1814 († 1821)
Ludwig 18 . . . . 1814—1824
Karl 10 . . . 1824—1830 († 1836)
Ludwig Philipp von Orleans 1830—1848 († 1850)
Französische Republik . 1848—1852
Napoleon 3 (1848) Kaiser seit 1852.

IV. Die englischen Königshäuser.

1. Angelsächsische Könige seit Egbert . . . . 827—1066
Dänenherrschaft . . . 1014—1042
2. Die Normannen . . 1066—1154
3. Die Plantagenets von Anjou 1154—1485
Haus Lancaster (die rothe Rose) 1399—1461
Haus York (die weifse Rose) 1461—1485
4. Haus Tudor . . . . . 1485—1603

Heinrich 7 . . . . 1485—1509
Heinrich 8 . . . . 1509—1547
Eduard 6 . . . . 1547—1553
Maria die blutige . . . 1553—1558
Elisabeth . . . . 1558—1603

5. Haus Stuart . . . . . 1603—1649. 1660—1689

Jacob 1 von Grofsbritannien 1603—1625
Karl 1 . . . . 1625 † 1649
Republik England . 1649—1660
Oliver Cromwell Protector 1653—1658
Karl 2 . . . . 1660—1685
Jacob 2 . . . . 1685—1689 († 1701)
Wilhelm 3 von Oranien und Maria . . . . 1689—1702
Anna . . . . 1702—1714

6. Haus Hannover seit 1714.

Georg 1 . . . . 1714—1727
Georg 2 . . . . 1727—1760
Georg 3 . . . . 1760—1820
Georg 4 . . . . (1811) 1820—1830
Wilhelm 4 . . . . 1830—1837
Victoria seit 1837.

V. Russische Kaiser seit Peter dem grofsen.

Haus Romanoff seit 1613.

Peter 1 d. grofse (1682) 1689—1725
Katharina 1 . . . . . . 1725—1727
Peter 2 . . . . 1727—1730
Anna (von Curland) . . 1730—1740
Iwan . . . . . 1740—1741 († 1764)
Elisabeth . . . . 1741—1762
Peter 3 v. Holstein-Gottorp . . 1762
Katharina 2 (v. Anhalt) 1762—1796
Paul . . . . 1796—1801
Alexander 1 . . . . . . 1801—1825
Nicolaus . . . . 1825—1855
Alexander 2 seit 1855.

Leipzig, Druck von Giesecke & Devrient.

GESCHLECHTSTAFELN.

I. DAS RÖMISCHE KAISERHAUS DER JULIER.

Gajus Octavius, Gemahl von Caesars Nichte Attia.

C. Octavius, geb. 63, als Adoptivsohn seines Großoheims Caesar C. Julius Caesar Octavianus, Alleinherrscher 30, Augustus 27 v. Ch., † 14 n. Ch.
Gem. a) Scribonia. b) Livia † 29; deren Söhne aus erster Ehe mit Ti. Claudius Nero;

Octavia. Gem. a) C. Claudius Marcellus cos. 50 v. Ch. b) M. Antonius der Triumvir.

Julia † 14 n. Ch. Gem. a) M. Marcellus † 23. b) M. Agrippa † 12 v. Ch. c) Tiberius.

Tiberius, v. Augustus adoptiert 4 n. Ch. Kaiser 14—37.

Drusus † 9 v. Ch. Gem. Antonia minor.

M. Marcellus † 23 v. Ch. Gem. Julia.

Antonia major. Gem. L. Domitius Ahenobarbus.

Antonia minor. Gem. Drusus.

b) C. Caesar † 4 n. Ch. L. Caesar † 2 n. Ch. Julia † 28. Agrippina † 33. Gem. Germanicus. Agrippa Postumus † 14.

Drusus † 23.

Germanicus † 19. Gem. Agrippina. Livia † 31. Gem. Drusus. Claudius 41—54. Gem. a) Messalina † 48. b) Agrippina † 59.

Gnaeus Domitius † 40. Gem. Agrippina.

Nero † 31. Drusus † 33. Gajus Caesar Caligula 37—41. Agrippina † 59. Gem. a) Cn. Domitius b) Claudius.

a) Octavia † 62. a) Britannicus † 55.

Nero, von seinem Stiefvater Claudius adoptiert 50, Kaiser 54—68. Gem. a) Octavia † 62. b) Poppaea Sabina † 65.

II. DIE KAROLINGER.

Karl Martell † 741.

Pippin der kleine, König der Franken 752 † 768.

Karl der große 768 † 814. Karlmann † 771.

Karl † 811. Pippin † 810. Ludwig der fromme † 840. Gem. 1. Irmengard. 2. Judith.

Bernhard † 818. 1. Lothar † 855. 1. Pippin † 838. 1. Ludwig II der deutsche † 876. 2. Karl der kahle † 877.

Kaiser Ludwig II † 875. Lothar II (von Lothringen) † 869. Karl von Provence † 863

Karlmann † 880. Ludwig III der jüngere † 882. Karl III der dicke † 888. Ludwig II der Stammler † 879.

Arnulf, Herzog von Kärnthen, König 887 † 899.

Ludwig III † 882. Karlmann † 884. Karl III der einfältige † 929.

Ludwig IV das Kind † 911.

Ludwig IV (ultramarinus) König 936 † 954.

Lothar † 986. Karl von Lothringen † 991.

Ludwig V † 987.

III. DIE STAUFER UND DIE WELFEN.

Welf IV, Herzog von Baiern 1070 † 1101.

Welf V † 1120. Heinrich der schwarze † 1126.

Heinrich der stolze, Herzog von Baiern und Sachsen † 1139. Gem. Gertrud, Tochter des Kaisers Lothar.

Welf VI † 1191. Judith

Heinrich der Löwe, Herz. von Sachsen 1142—1180, von Baiern 1156—1180 † 1195. Gem. Mathilde v. England

Welf VII † 1167.

Heinrich (Gem. Agnes) Pfalzgraf bei Rhein 1195—1212 † 1227. K. Otto IV 1198 † 1218. Wilhelm v. Lüneburg † 1213

Heinrich der jüngere † 1214.

Otto das Kind, Herzog v. Braunschweig-Lüneburg 1235 † 1252, Ahnherr der späteren Welfen.

Friedrich von Staufen, Herzog von Schwaben 1079 † 1105. Gem. Agnes v. Franken (in 2. Ehe mit Leopold III v. Österreich vermählt † 1143).

Friedrich von Schwaben † 1147. 2. Gem. Agnes von Saarbrücken.

Konrad III König 1138—1152.

1. Friedrich I, K. 1152 † 1190.

2. Konrad, Pfalzgraf bei Rhein 1156 † 1195.

Heinrich † 1150. Friedrich (v. Rothenburg) † 1167.

Agnes, Gem. d. Welfe Heinrich der jüngere.

K. Heinrich VI † 1197. Gem. Constantia v. Sicilien † 1198.

Friedrich v. Schwaben † 1191. Otto † 1200. Konrad † 1196. K. Philipp 1198 † 1208.

Friedrich II K. v. Sicilien 1197, in Deutschland 1212 † 1250. Gem. 1. Constantia v. Aragon. 2. Iolanthe von Jerusalem. 3. Isabella von England. 4. Bianca v. Lancia.

Beatrix † 1212 Gem. K. Otto IV.

Kunigunde Gem. K. Wenzel I v. Böhmen.

Maria Gem. Heinrich V v. Brabant.

Beatrix Gem. K. Ferdinand III v. Castilien.

1. Heinrich, röm. König 1220—1235 † 1242.

2. K. Konrad IV. † 1254. Gem. Elisabeth v. Baiern.

3. Margaretha † 1270. Gem. Albrecht d. entartete v. Meissen.

4. Manfred, K. v. Sicilien † 1266.

(Enzio, K. v. Sardinien † 1272.)

K. Ottokar v. Böhmen u. Österreich † 1278.

Alfons X († 1284) 1257 als deutscher König erwählt.

Konrad, Herzog von Schwaben (Conradino) † 1268.

Constantia, Gem. Peter III. v. Aragon, K. v. Sicilien 1282.